XIANDAI GUANLI SHIWU CONGSHU

现代管理实务丛书

法人压减、处僵治困、参股瘦身攻略

FAREN YAJIAN、CHUJIANG ZHIKUN、
CANGU SHOUSHEN GONGLUE

范松林◎主编

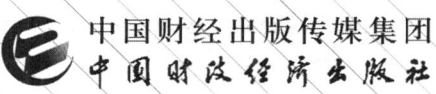

中国财经出版传媒集团

中国财政经济出版社

图书在版编目（CIP）数据

法人压减、处僵治困、参股瘦身攻略/范松林主编．—北京：中国财政经济出版社，2019.3
（现代管理实务丛书）
ISBN 978－7－5095－8910－6

Ⅰ．①法… Ⅱ．①范… Ⅲ．①企业管理－研究－中国
Ⅳ．①F279．23

中国版本图书馆 CIP 数据核字（2019）第 045852 号

责任编辑：潘　飞　　　　　　责任校对：李　丽

中国财政经济出版社出版

URL：http：//www.cfeph.cn
E－mail：cfeph@ cfeph.cn
（版权所有　翻印必究）
社址：北京市海淀区阜成路甲 28 号　邮政编码：100142
营销中心电话：010－88191537
北京鑫海金澳胶印有限公司印刷　各地新华书店经销
880×1230 毫米　32 开　7.25 印张　161 000 字
2019 年 3 月第 1 版　2019 年 3 月北京第 1 次印刷
定价：30.00 元
ISBN 978－7－5095－8910－6
（图书出现印装问题，本社负责调换）
本社质量投诉电话：010－88190744
打击盗版举报热线：010－88191661　QQ：2242791300

《法人压减、处僵治困、参股瘦身攻略》编委会

总顾问： 陈德荣　朱永红

主　编： 范松林

编　委： 章青云　梁　军　龚国林　陈　炯
　　　　　唐松平　陆晓莉　宋小军　王咏波
　　　　　张华磊　杨　巍　董　杰　张胜娥
　　　　　潘　昀　周　阳　侯光普　陈　跃
　　　　　周庆伟　王行兵　黄建忠

序

中国宝武深入贯彻落实党中央、国务院关于央企"瘦身健体、提质增效"的战略部署，推动国有资本投资公司试点，推进法人压减、处僵治困与参股瘦身等三项工作，取得了显著成效。

2017年3月，中国宝武董事长、总经理主持成立"治压办"，从财务部、审计部、治理部、法务部、钢铁中心、服务业中心、不锈钢公司等单位抽调精兵强将，组成项目型团队，全力对法人压减、处僵治困与参股瘦身等三项工作攻坚作战。治压团队接受中国宝武董事长、总经理直接领导，由我直接指挥。董事长、总经理主持治压双周例会，我作为总会计师主持治压周例会，协调相关治压工作。经过努力，治压战果明显，2017年、2018年分别压减法人180户、69户，累计249户，压减率达39.27%。"治压办"系统总结中国宝武压减工作实践，系统梳理了压减工作方式、压减流程节点、法律法规依据、共性和个性问题等，突出可操作性，编撰了《法人压减工作指导手册》。

2017年下半年，鉴于"治压办"在法人压减方面的突出表现及成功经验，中国宝武把参股瘦身工作也纳入了治压工作范畴。由"治压办"牵头，经各单位共同努力，全面梳理了中国宝武存量参股公司情况，提出参股公司整合方案，有序推进参股公司体系能力提升、整合、退出工作。2018年，共实现74户参股公司的瘦身。"治压办"基于工作实际，总结参股瘦身工作实践经验，编撰了《参股瘦身工作指导手册》。

党中央、国务院高度重视国有企业处置"僵尸企业"和开展特困企业专项治理工作。处僵治困是党中央适应、把握、引领经济新常态作出的重大战略部署,是推进供给侧结构性改革、主动调整结构的必由之路。2016年、2017年,国务院、国资委分别印发了《中央企业处置"僵尸企业"工作方案》《中央企业开展特困企业专项治理工作方案》。为做好贯彻落实工作,2018年2月中国宝武把处僵治困的艰巨任务也交给了"治压办"。"治压办"组织各责任单位制定处僵治困方案,坚持一企一策、一企一表原则,通过一年艰苦卓绝的努力,主体完成了37户处僵治困任务,并基于实践经验编撰完成了《处僵治困工作指导手册》。

治压三项工作不仅得到了中国宝武董事长等主要领导的高度肯定,更得到了国务院国资委的表扬。中国宝武作为国务院国资委处僵治困优秀单位参加央企处僵治困案例交流会;压减工作也成为国务院国资委的优秀典型案例。"治压办"形成的中国宝武压减案例总结报国务院总理圈阅,并且国务院新闻办在新闻发布时引用了中国宝武的优秀压减案例。

至此,"治压办"通过两年的治压实践,形成了《治压三项工作指导手册》,治压办把这三本手册合并在一起,这就形成了《法人压减、处僵治困、参股瘦身攻略》。本书介绍了中国宝武法人压减、处僵治困、参股瘦身三项工作的原则、方式,提炼了认定、验收标准,阐述了每种工作方式操作要点,整理了三项工作遇到的问题,挖掘了成功案例和优秀做法,完善了工作模板,形成了创新型工作方法、措施,建立了三项工作的知识体系。本书或可为相关企业开展法人压减、处僵治困、参股瘦身三项工作提供指导和借鉴。

中国宝武总会计师

2019年1月18日

中国宝武在法人压减、处僵治困、参股瘦身三项工作方面取得了不错的成效。在总结实践经验的基础上,编撰成书《法人压减、处僵治困、参股瘦身攻略》。

本书的第1部分是法人压减。第1章主要介绍压减工作背景、指导原则、分类方式、考核口径等内容。第2章至第5章,分别围绕简易注销,清算注销,吸收合并,控制权转移的法律依据、流程、适用对象、适用条件和过程关键点等进行阐述。第6章归纳了中国宝武"5·25"压减工作中的问题清单。第7章和第8章分别介绍了压减工作的验收标准和相关过程模板。第9章列举了压减工作所涉及的法律法规和中国宝武管理文件。第10章主要介绍了压减工作中的典型案例。

本书的第2部分是处僵治困。第1章主要介绍处僵治困的背景、指导原则、相关定义及分类方式等内容。第2章介绍了处僵治困完成标准及其说明。第3章至第6章,分别围绕强化管理,债务重组,兼并重组,淘汰退出的法规依据、流程、适用对象和过程关键点等进行阐述。第7章介绍了处僵治困督查的相关准备。第8章介绍了处僵治困工作相关模板。第9章列举了处僵治困工作所涉及的法律法规和中国宝武管理文件。第 10 章主要介绍了处僵治困工作中的典型案例。

本书的第 3 部分是参股瘦身。第 1 章主要介绍参股瘦身的工作背景、指导原则、参股公司定义、瘦身的方式、参股瘦身标准、认定口径等相关内容。第 2—3 章对股权（股份）转让、清算注销、减值退出、上市公司股票出售、无偿划转等参股退出方式的一些关键点进行了阐述（如界定、管理文件、流程、注意事项等），并阐明了验收标准。第 4—5 章对确权、账实案存、上市等体系能力提升方式的一些关键点进行了阐述，并对验收注意事项进行了列示。第 6 章归纳了参股瘦身工作中的问题清单。第 7 章至第 9 章主要就参股瘦身相关模板、涉及的主要法律法规和中国宝武管理文件、典型案例进行了阐述。

本书基于中国宝武开展法人压减、处僵治困、参股瘦身工作的实践经验，依据《资金运作管理办法》《国有产权转让管理办法》《子公司清理退出管理办法》等管理文件，关注法人压减、处僵治困、参股瘦身的工作方式、流程节点、法律法规依据、共性问题和个性问题，有比较强的可操作性，可为相关企业开展法人压减、处僵治困、参股瘦身工作提供参考借鉴。不足之处，敬请批评指正，以期不断进步。

目 录

第 1 部分：法人压减 …………………………… （ 1 ）
1 中国宝武压减工作历程 …………………………… （ 1 ）
   1.1 压减工作背景 ……………………………… （ 1 ）
   1.2 压减工作指导原则 ………………………… （ 2 ）
   1.3 压减方式分类 ……………………………… （ 2 ）
   1.4 压减法律考核口径 ………………………… （ 4 ）
2 简易注销 …………………………………………… （ 4 ）
   2.1 简易注销法规依据 ………………………… （ 4 ）
   2.2 简易注销程序 ……………………………… （ 5 ）
   2.3 简易注销适用对象 ………………………… （ 6 ）
   2.4 简易注销不适用情形 ……………………… （ 7 ）
   2.5 简易注销过程关键点 ……………………… （ 8 ）
3 清算注销 …………………………………………… （ 9 ）
   3.1 清算注销法规依据 ………………………… （ 9 ）
   3.2 清算注销程序 ……………………………… （ 9 ）
   3.3 清算注销适用对象 ………………………… （ 10 ）
   3.4 普通清算注销过程关键点 ………………… （ 10 ）
   3.5 破产清算注销主要节点 …………………… （ 11 ）

4 吸收合并 （12）
4.1 吸收合并法规依据 （12）
4.2 吸收合并程序 （13）
4.3 吸收合并适用对象 （14）
4.4 吸收合并适用情形 （14）
4.5 吸收合并过程关键点 （14）
5 控制权转移 （15）
5.1 控制权转移法规依据 （15）
5.2 控制权转移程序 （15）
5.3 控制权转移适用对象 （16）
5.4 控制权转移三类差异 （17）
5.5 控制权转移过程关键点 （17）
6 压减工作问题清单 （18）
6.1 共性问题清单 （19）
6.2 个性问题清单 （25）
7 压减工作验收标准 （27）
7.1 简易注销验收标准 （27）
7.2 清算注销验收标准 （28）
7.3 吸收合并验收标准 （29）
7.4 控制权转移验收标准 （30）
8 压减工作相关模板 （32）
8.1 简易注销相关模板 （32）
8.2 清算注销相关模板 （32）
8.3 吸收合并相关模板 （32）
8.4 控制权转移相关模板 （33）
9 涉及相关的法律法规和集团管理文件清单 （33）
9.1 国家法律法规 （33）
9.2 集团公司管理文件 （34）
10 压减工作典型案例 （34）

10.1　简易注销案例 …………………………………（34）
　　10.2　清算注销案例 …………………………………（35）
　　10.3　吸收合并案例 …………………………………（38）
　　10.4　控制权转移案例 ………………………………（42）
　　10.5　治压三层穿透式压减体系 ……………………（46）
　　10.6　串行改并行全流程优化压减周期的实践 ……（47）
　　10.7　压减工作 WGJT 案例 …………………………（49）
　　10.8　压减工作 BYGT 案例 …………………………（52）
　　10.9　压减工作 BGJS 案例 …………………………（56）
　　10.10　压减工作 BGFZ 案例 ………………………（58）
　　10.11　压减工作 YPW 案例 …………………………（60）
　　10.12　中国宝武法人压减管理创新实践 …………（62）
附件 1 …………………………………………………………（67）
附件 2 …………………………………………………………（68）
附件 3 …………………………………………………………（69）
附件 4 …………………………………………………………（71）
附件 5 …………………………………………………………（72）
附件 6 …………………………………………………………（74）
附件 7 …………………………………………………………（77）
附件 8 …………………………………………………………（78）
附件 9 …………………………………………………………（79）
附件 10 ………………………………………………………（87）
附件 11 ………………………………………………………（88）

第 2 部分：处僵治困 ……………………………………（89）
1　中国宝武处僵治困工作介绍 ………………………（89）
　　1.1　处僵治困工作背景 ………………………………（89）
　　1.2　处僵治困工作指导原则 …………………………（90）
　　1.3　处僵治困相关概念 ………………………………（90）

1.4 僵尸、特困企业的界定 ……………………………（91）
1.5 处僵治困处置方式 …………………………………（92）
2 处僵治困工作完成标准 ………………………………（93）
2.1 处僵治困工作完成标准 ……………………………（93）
2.2 处僵治困工作完成标准的说明 ……………………（95）
3 强化管理 …………………………………………………（97）
3.1 强化管理法规依据 …………………………………（97）
3.2 强化管理的主要措施 ………………………………（97）
3.3 强化管理适用情形 …………………………………（101）
3.4 强化管理的关键点 …………………………………（101）
4 债务重组 …………………………………………………（102）
4.1 债务重组法规依据 …………………………………（102）
4.2 债务重组适用情形 …………………………………（102）
4.3 债务重组的几种主要方式 …………………………（102）
4.4 债权转股权 …………………………………………（103）
5 兼并重组 …………………………………………………（105）
5.1 兼并重组法规依据 …………………………………（105）
5.2 兼并重组程序 ………………………………………（105）
5.3 兼并重组适用情形 …………………………………（108）
5.4 兼并重组过程关键点 ………………………………（108）
6 淘汰退出 …………………………………………………（108）
6.1 淘汰退出法规依据 …………………………………（108）
6.2 淘汰退出程序 ………………………………………（109）
6.3 淘汰退出适用情形 …………………………………（109）
6.4 淘汰退出过程关键点 ………………………………（109）
7 处僵治困工作督查需要的材料 ………………………（109）
7.1 基本情况材料 ………………………………………（110）
7.2 专项材料 ……………………………………………（110）
7.3 特殊事项说明材料 …………………………………（111）

目录

8 处僵治困工作相关模板 ……………………………… (112)
   8.1 处僵治困企业关键节点跟踪模板 ……………… (112)
   8.2 处僵治困企业月度关键指标跟踪模板 ………… (115)

9 涉及相关的法律法规和集团管理文件清单 ………… (116)
   9.1 国家法律法规 ……………………………………… (116)
   9.2 政策文件 …………………………………………… (116)
   9.3 中国宝武管理文件 ………………………………… (117)

10 处僵治困工作典型案例 ……………………………… (117)
   10.1 中国宝武处僵治困管理创新实践 ……………… (117)
   10.2 淘汰退出案例 …………………………………… (125)
   10.3 兼并重组、强化管理案例 ……………………… (129)
   10.4 强化管理案例 …………………………………… (135)
   10.5 债务重组案例 …………………………………… (141)
   10.6 兼并重组案例 …………………………………… (143)

第3部分：参股瘦身 …………………………… (150)

1 中国宝武参股瘦身工作介绍 ………………………… (150)
   1.1 参股瘦身工作背景 ………………………………… (150)
   1.2 参股瘦身工作指导原则 …………………………… (151)
   1.3 参股公司定义 ……………………………………… (151)
   1.4 参股瘦身方式 ……………………………………… (151)
   1.5 参股瘦身标准 ……………………………………… (152)
   1.6 参股瘦身工作完成认定的口径 …………………… (153)

2 参股公司退出 ………………………………………… (154)
   2.1 股权（股份）转让 ………………………………… (154)
   2.2 清算注销 …………………………………………… (155)
   2.3 减资退出 …………………………………………… (157)
   2.4 上市公司股票出售 ………………………………… (158)
   2.5 无偿划转 …………………………………………… (159)

3 参股公司退出验收标准 ································ (159)
  3.1 股权转让验收标准 ································ (159)
  3.2 清算注销验收标准 ································ (160)
  3.3 减资退出验收标准 ································ (161)
  3.4 上市公司股票出售验收标准 ······················· (162)
  3.5 无偿划转验收标准 ································ (162)
4 体系能力提升 ·· (162)
  4.1 确权 ·· (162)
  4.2 账实案存 ··· (164)
  4.3 上市 ·· (165)
5 参股瘦身管理提升验收要点 ························ (166)
  5.1 确权验收要点 ···································· (166)
  5.2 账实案存验收要点 ······························· (166)
  5.3 上市验收要点 ···································· (167)
6 参股瘦身工作问题清单 ····························· (168)
  6.1 共性问题清单 ···································· (168)
  6.2 个性问题清单 ···································· (171)
7 参股瘦身工作相关模板 ····························· (172)
  7.1 账实案存相关借鉴模板 ·························· (172)
  7.2 无偿划转相关借鉴模板 ·························· (173)
  7.3 参股退出相关借鉴模板 ·························· (173)
8 涉及相关的法律法规和集团管理文件清单 ········ (173)
  8.1 国家法律法规 ···································· (173)
  8.2 中国宝武管理文件 ······························· (173)
9 参股瘦身工作典型案例 ····························· (174)
  9.1 中国宝武参股瘦身管理创新实践 ··············· (174)
  9.2 参股瘦身工作 BGGF 案例 ······················ (183)
  9.3 参股瘦身工作 BGGS 案例 ······················ (185)
  9.4 参股瘦身工作 BGGC 案例 ······················ (188)

9.5 参股瘦身工作 BGFZ 案例 …………………………（191）
9.6 减资退出案例 ……………………………………（192）
9.7 无偿划转案例 ……………………………………（194）
9.8 账实案存案例 ……………………………………（197）
9.9 确权案例 …………………………………………（202）
9.10 出售上市公司股票案例 …………………………（204）
附件 1 ……………………………………………………（206）
附件 2 ……………………………………………………（208）
附件 3 ……………………………………………………（213）
后　记 ……………………………………………………（215）

第1部分 法人压减

1 中国宝武压减工作历程

1.1 压减工作背景

根据国务院国资委《关于中央企业开展压缩管理层级减少法人户数的通知》（国资发改革〔2016〕135号），中国宝武全面贯彻落实国务院关于"国有企业瘦身健体，增强核心竞争力"的工作要求，以推动供给侧结构性改革为导向，进一步深化国有企业改革，着力解决企业法人户数过多、法人链条过长、管理层级多、机构臃肿、管理效率低等突出问题，推动企业优化组织结构，提高管理效率，构建业务有进有退、企业优胜劣汰、板块专业化经营、管控精干高效的发展格局，不断提升发展质量和经营效率。

1.2 压减工作指导原则

（1）主体责任，层层落实。各单位按照产权关系和管理权限，层层落实主体责任。中国宝武"治压办"将按照国资委和中国宝武的要求，督促、指导、推动各单位按既定目标与时间节点落实，并提供相关支持和服务。

（2）明确方向，清晰定位。治压是手段，发展是目标，要站在国有资本投资公司的角度，结合发展方向，进行治压工作推进。国有资本投资公司的运营涉及投融管退，过去注重了"投"，忽视了"退"，只生不灭，现在要下大力气进行"退"，为下一步的发展打好坚实的基础。压减是拳头收拢，是为了中国宝武的发展更好地打出去。

（3）规范操作，稳妥有序。按照有关法律法规，对国有资产处置、债权债务、相关税费缴纳、人员安置等问题，严格履行相关程序，防范法律风险，防止国有资产流失。正确处理好改革、发展、稳定的关系，妥善处理各方合法利益，确保生产经营的正常进行和企业稳定，稳妥有序地推进"压减"工作。

（4）保证质量，关注效率。压减工作是中央企业提高发展质量和效益的客观要求，提高核心竞争力和优化资源配置效率，各单位要眼睛向内，手心向下，练好内功，处理好治压工作与瘦身健体、提质增效的关系。瘦身是为了更好地健体和发展，工作层面既要大刀阔斧，又要实事求是；既要提高配置效率，又要考虑经济效益，将压减任务完成与公司治本相结合。

1.3 压减方式分类

中国宝武压减方式分四类：简易注销、清算注销、吸收合并和控制权转移。

（1）简易注销。自2017年3月1日起实施，只须在"国家企业信用信息公示系统"《简易注销公告》专栏主动向社会公告拟申请简易注销登记及全体投资人承诺信息（强制清算终结和破产程序终结的企业除外），公告期45天，对公告期内未被提出异议的企业，登记机关应当在3个工作日内依法作出准予简易注销登记的决定。这一分类包含方案确定、批复、通知公告、公告期满无异议、税务清算注销、工商变更/注销等阶段。"通知公告"是在"国家企业信用信息公示系统"公告拟申请简易注销登记信息，此节点为国资委认可的完成标准。"公告期满无异议"是指45天公告期满，利害关系人未提出异议。

（2）清算注销。指经直属子公司上报清算关闭计划后，实施的公司经营停业、业务退出、人员分流、资产回收或转让，最终实现企业注销的行为。清算注销以取得工商行政管理部门出具的《注销登记（核准）通知书》、当地税务部门出具的《税务注销通知书》两者中较晚者为完成标志。这一分类包含方案确定、批复、股东会决议/清算组备案、通知公告、人员安置、税务清算注销、工商变更/注销等阶段。"股东会决议/清算组备案"是指股东（大）会作出解散公司并成立清算组的决议，向工商局备案。"通知公告"是指登报公告并通知已知债权人。

（3）吸收合并。根据集团公司的业务整合及压缩管理层次等需要，将集团公司内部的两个或两个以上的子公司进行合并，包括吸收合并和新设合并。吸收合并以合并后存续的子公司工商变更登记和被吸收子公司税务注销、工商注销三者时间较晚者为完成标志。对于将子公司改为其上级公司分支机构的，视为吸收合并。这一分类包含方案确定、批复、股东会决议、登报公告、公告期满，无异议、订立合并协议、税务清算注销、工商变更/

注销等阶段。"股东会决议"是指股东（大）会已作出吸收合并的决议。"登记公告"是指经营范围为全国级的，在国家级报纸上进行公告，经营范围为省级范围的，在省级报纸进行公告。"公告期满，无异议"是指异议期满，债权人未提出要求公司清偿或提供担保。"订立合并协议"是指合并双方完成订立合并协议。

（4）控制权转移。指将集团公司的子公司产权全部或部分以转让给集团公司以外的自然人、法人或其他组织的方式退出，或放弃宝武方控股权的行为。按集团公司《国有产权转让管理办法》执行，以取得产权交易所出具的产权交割单为完成标志。这一分类包含方案确定、批复、民主程序、签订产权转让合同/增资协议、工商变更/注销等阶段。"民主程序"是指若涉及全资公司改制时，需要重点关注的事项。"签订产权转让合同/增资协议"是指完成签订产权转让合同/增资协议。

1.4 压减法律考核口径

压减工作法律考核口径为：已完成工商注销、工商变更或控制权调整。

2 简易注销

2.1 简易注销法规依据

简易注销法规依据为《工商总局关于全面推进企业简易注销登记改革的指导意见》（工商企字〔2016〕253号）和《工商总局关于印发〈企业简易注销登记改革信息化技术方案〉等信

息化文件的通知》（工商办字〔2017〕17号）。

2.2 简易注销程序

2.2.1 企业在公示系统填报简易注销公告

企业联系人登录国家企业信用信息公示系统后，选择"简易注销公告填报"模块，里面包括3个功能：公告填报、公告查看和公告撤销。

点击"公告填报"进行申请简易注销，将《全体投资人承诺书》拍成照片或扫描成图片，以JPG的格式上传。

特别提醒：每个企业只有一次申请简易注销的机会，随便上传《全体投资人承诺书》图片，或误操作上传错误图片文件，一旦确认上交，都无法修改，将导致简易注销无法通过，并且不得再次申请，请谨慎操作。

公告撤销：企业可以从提交简易注销公告开始，至正式提交简易注销登记申请前，主动撤销简易注销公告，撤销后不能再提交简易注销公告、申请办理简易注销登记手续。

自然人、企业、其他相关部门在45天公告期内可以对企业简易注销公告提出异议，超过公告期，公示系统不再接收异议。公告期45天为45个自然日。提出异议须实名，须上传身份证、营业执照图片、核对手机号码。公告期内，自然人、企业的异议申请只能通过公示系统在线填写，相关政府部门的异议申请可通过公示系统在线填写，也可通过三证合一、五证合一、协同监管平台等各种交换方式提供，所有异议信息都记载于企业简易注销公告下面，通过外网可以看到异议内容，通过内网可以查看到异议人信息。

2.2.2 企业申请简易注销登记

公告期结束后,企业向工商部门提交简易注销申请(部分地区,如上海、广东,要求须在30个自然日内提交)。

特殊情况可以不进行公告直接受理简易注销申请。

登记业务人员首先需要对提出简易注销申请的企业进行人工审核,重点做好不符合简易注销条件的判断,系统会尽可能进行自动检索并提示。主要包括下列条件:

(1)企业是否属于符合简易注销条件的4种企业类型;

(2)企业是否被列入企业经营异常名录或严重违法失信企业名单;

(3)企业是否按照规定在企业信用信息公示系统中进行了45天简易注销公告;

(4)企业在简易注销公告期内是否被提出异议;

(5)企业是否曾被终止简易注销程序;

(6)其他不能简易注销的情形。

企业一旦被终止简易注销,今后不允许再次申请,只能通过正常注销程序处理。

受理简易注销申请后,应在3个工作日内审核通过或不通过。

所有的受理、核准文书与一般注销文书式样一致,文号连用。

2.3 简易注销适用对象

2.3.1 三个前提条件

(1)领取营业执照后未开展经营活动(未开业);

(2)申请注销登记前未发生债权债务;

(3)已将债权债务清算完结。

通过企业注销申请表格和全体投资人承诺书判别是否属于上述情况，工商登记部门只作材料的形式审查。

2.3.2 四种适用简易注销的企业类型

（1）有限责任公司；

（2）非公司企业法人；

（3）个人独资企业；

（4）合伙企业。

公示系统会对以上四种适用简易注销登记的企业类型进行判断，符合条件的才允许填报简易注销公告。

2.3.3 两种适用简易注销的特殊情况

人民法院裁定强制清算或裁定宣告破产的，有关企业清算组、企业管理人可持人民法院终结强制清算程序的裁定或终结破产程序的裁定，直接向被强制清算人或破产人的原登记机关申请办理简易注销登记，不需要进行简易注销公告。

2.4 简易注销不适用情形

（1）涉及国家规定实施准入特别管理措施的外商投资企业；

（2）被列入企业经营异常名录或严重违法失信企业名单的（指申请简易注销公告时，正在被列入经营异常名录或者严重违法失信企业名单的企业，《工商总局关于全面推进企业简易注销登记改革的指导意见》虽然没有明确规定，但技术方案和总局对文件的解读材料都明确企业移出后，仍可以申请简易注销）；

（3）存在股权（投资权益）被冻结，出质或动产抵押等情形；

（4）有正在被立案调查或采取行政强制，司法协助，被予

以行政处罚等情形的;

(5) 企业所属的非法人分支机构未办理注销登记;

(6) 曾被终止简易注销程序的;

(7) 法律,行政法规或者国务院决定规定在注销登记前需经批准的;

(8) 不适用企业简易注销的其他企业。

系统会对以上八种限制性条件进行部分事前限制。对于不符合条件的企业,不能填报简易注销公告。强制限制至少包括:经营异常名录、严重违法失信企业名单、股权冻结、股权出质、动产抵押(已录入系统的)、行政处罚(已录入系统的)、未注销分支机构(已录入系统的)、曾经被终止简易注销。属于限制行业的外资企业、需要审批方可注销的企业目前系统还无法判别。

2.5 简易注销过程关键点

在此,归纳出简易注销过程关键点,详见表1-2-1。

表1-2-1　　简易注销过程关键点及注意事项

过程关键点	注意事项
1. 通过"国家企业信用信息公示系统"公告拟申请简易注销登记信息	公告期为45天
提示:申请材料须包括《全体投资人承诺书》(参照工商局格式文本)	承诺符合申请条件,不存在未了结事务,清算工作已完毕
2. 登记机关将信息推送至税务、人力资源社保、商务等部门,向社会公示	
3. 公告期内利害关系人提出异议,并陈述理由	如提出异议,则不予进行简易程序登记
4. 公告期满无异议,企业申请简易注销登记	公告期满即可向工商部门申请注销

3 清算注销

3.1 清算注销法规依据

清算注销法规依据为《中华人民共和国公司法》(2013年12月28日修订)、《中华人民共和国公司登记管理条例》(2016年2月6日修订)、《中华人民共和国企业法人登记管理条例》(2016年2月6日修订)。

3.2 清算注销程序

公司清算分为解散清算和破产清算两大类,其中解散清算又分为普通清算和强制清算两种情形,而强制清算是指在普通清算不能进行的情况下启动的司法强制清算程序。

公司出现解散事由时,如果公司财产足以偿还全部债务,则公司应当通过解散清算(包括普通清算和强制清算)清理所有的债权债务关系,全额清偿所有债务并且分配完毕剩余财产后,终止法人资格。

如果公司不能清偿到期债务并且财产不足以偿还全部债务,或者明显缺乏清算能力的,则公司应当通过破产清算程序,清偿债务后终止法人资格。

3.2.1 普通清算注销

普通清算注销是指通过股东会决议或股东决定(一人有限责任公司)解散公司,并在法定期限内成立清算组,按照《公司法》的规定履行完毕清算程序,注销公司。

3.2.2 强制清算注销

因其他股东无法联系或不配合,通过正常程序无法正常清算,申请法院强制清算,人民法院立案受理,进入强制清算程序,并由法院指定清算组。后续程序与普通清算注销相同。

3.2.3 破产清算注销

破产清算注销应满足以下条件:

(1)债务人(破产企业)或债权人提出申请;

(2)管辖法院为债务人(破产企业)所在地法院;

(3)申请条件为不能清偿到期债务,且资产不足以清偿全部债务或者明显缺乏清偿能力。

3.3 清算注销适用对象

从法律上讲,清算注销适用于所有公司及企业法人的注销。但清算注销后,公司被注销,所有业务停止,进行资金资产清算、人员安置,公司不再存续,因此,如果有希望保留的业务、资产、人员等,则不适合清算注销。

3.4 普通清算注销过程关键点

清算注销过程关键点,详见表1-3-1。

表1-3-1 普通清算注销过程关键点及注意事项

过程关键点	注意事项
1. 股东会作出解散决定	作出股东会决议
2. 成立清算组	解散决议中可包含成立清算组的内容
3. 清算组备案	向工商部门备案清算组成员

续表

过程关键点	注意事项
4. 通知债权人，公告	决议作出后立即登报公告，并在10日内通知已知债权人
5. 债权人申报债权	债权人可自收到通知起30日内，或登报公告之日起45日内申报债权
6. 清理资产，编制资产负债表和资产清单	清算工作中应充分利用45日的公告期，做好人员解聘、财产清理、分公司注销、债权债务清理、清缴税款、履行职工民主程序等
7. 清算组制定清算方案，报股东会确认，分配财产	
8. 制作清算报告，报股东会确认，并报送登记机关	
9. 人员解聘	
10. 注销公司	股东会确认清算报告后，立即申请注销

3.5 破产清算注销主要节点

由于破产清算行为由法院主导，在流程和时间上不受企业控制，因此从减少法人户数工作的角度来说，一般以法院指定管理人的文书，同时母公司财务决算不并表作为压减工作完成节点。

破产清算注销过程关键点，详见表1-3-2。

表1-3-2 破产清算注销过程关键点及注意事项

过程关键点	注意事项
1. 指定破产管理人	法院在作出受理破产申请裁定时，同时指定破产管理人
2. 通知、公告债权人	受理破产申请之日起25日内
3. 债权人申报债权	公告之日起三个月内

续表

过程关键点	注意事项
4. 召开债权人会议	债权申报期限届满 15 日内
5. 拟定破产财产变价方案	—
6. 清偿破产债权	—
7. 法院裁定管理人提交的破产分配方案、分配破产财产	—
8. 作出终结破产程序裁定	法院收到管理人请求 10 日内
9. 破产人办理注销登记	终结日起 30 日内，可申请简易注销登记

4 吸收合并

4.1 吸收合并法规依据

吸收合并的法规依据为《中华人民共和国公司法》（2013 年 12 月 28 日修订）第九章第一百七十三条、第一百七十四条、第一百七十五条。

第一百七十三条规定："公司合并，应当由合并各方签订合并协议，并编制资产负债表及财产清单。公司应自作出合并决议之日起十日内通知债权人，并于三十日内在报纸上公告。债权人自接到通知书之日起三十日内，未接到通知书的自公告之日起四十五日内，可以要求公司清偿债务或者提供相应的担保。"

第一百七十四条规定："公司合并时，合并各方的债权、债务，应当由合并后存续的公司或者新设的公司承继。"

第一百七十九条规定："公司合并或者分立，登记事项发生变更的，应当依法向公司登记机关办理变更登记；公司解散的，应当依法办理公司注销登记；设立新公司的，应当依法办理公司设立登记。公司增加或者减少注册资本，应当依法向公司登记机关办理变更登记。"

4.2　吸收合并程序

吸收合并程序是指根据集团公司的业务整合及压缩管理层次等需要，将集团公司内部的两个或两个以上的子公司进行的合并，包括吸收合并和新设合并。吸收合并以合并后存续的子公司工商变更登记和被吸收子公司税务注销、工商注销三者时间较晚者为完成标志；新设合并以新设子公司领取营业执照和原子公司税务注销、工商注销三者时间较晚者为完成标志。对于将子公司改为其上级公司分支机构的，视为吸收合并。子公司实施合并工作应遵照《公司法》关于公司合并的相关规定及其他相应法律法规执行。

集团直属子公司吸收合并流程：直属子公司组织实施相关资产清查、审计、评估工作并分别报集团公司审计部复核、财务部备案，并组织实施资产处置、人员安置、债权债务处理等相关工作，最终开展被合并子公司的税务注销、工商注销及存续公司或新设公司的工商登记，以及相应产权登记工作。

集团直属子公司下属企业吸收合并流程：直属子公司指导其下属企业组织实施相关资产清查、审计、评估工作，根据集团公司专项工作管理要求履行复核、备案等程序，并指导下属企业组织实施资产处置、人员分流安置、债权债务处理等相关工作，最终开展取消独立法人地位子公司的税务注销、工商注销及存续公司或新设公司的工商登记，以及相应产权的登记工作。

4.3 吸收合并适用对象

吸收合并适用对象包括集团公司直属的全资和控股子公司及其下属企业。

4.4 吸收合并适用情形

吸收合并适用情形包括吸收合并、新设合并、子公司变为分公司。

4.5 吸收合并过程关键点

在此,归纳出吸收合并过程关键点,详见表 1-4-1。

表 1-4-1　　吸收合并过程关键点及注意事项

过程关键点	注意事项
1. 双方公司股东(大)会作出合并决议	须代表 2/3 以上表决权股东同意方可通过
2. 对债权人通知或公告	两方公司应在作出合并决议之日后立即登报公告,并于决议作出之日起 10 日内通知已知债权人(公告内容中须明确合并完成后吸收方的注册资本)
3. 债权人可在异议期内,要求公司清偿或提供担保	接到通知书 30 日内,或自公告之日起 45 日内,债权人有权要求清偿或提供担保
4. 异议股东的保护	在股东会中投反对票的小股东有权请求公司按合理价格收购其股权。提示:做好小股东工作,力争取得其同意合并的支持
5. 订立合并协议	提示:应充分利用 45 日公告期,确定合并协议文本、进行资产清理、审计评估(如需)、履行职工民主程序等工作

续表

过程关键点	注意事项
6. 编制资产负债表及财产清单（审计评估）	集团公司内部各全资子公司之间合并，可以不进行评估，但需要进行审计
7. 办理工商注销、变更登记	被吸收方注销（其分支机构可以先注销，也可后续转为合并方的分支机构）；吸收方办理股东、注册资本、经营范围等变更登记、章程备案

5 控制权转移

5.1 控制权转移法规依据

控制权转移的法规依据为《中华人民共和国公司法》（2013年12月28日修订）、《中华人民共和国公司登记管理条例》（2016年2月6日修订）等。

5.2 控制权转移程序

一般程序为产权转让事项的批准、资产清查、净资产审计、资产评估和评估结果备案、产权交易、期间净资产变动审计、工商变更和产权变更登记等。

（1）初步审批。转让方就本次股权转让的数额、交易方式、交易结果等基本情况制定《转让方案》，申报主管部门进行审批，在获得同意国有股权转让的批复后，进行下一步工作。

（2）清产核资。由转让方组织进行清产核资（转让所出资企业国有产权导致转让方不再拥有控股地位的，由同级国有资产监督管理机构组织进行清产核资），根据清产核资结果编制资产负债表和资产移交清册。

（3）审计评估。委托会计师事务所实施全面审计，在清产核资和审计的基础上，委托资产评估机构进行资产评估。评估报告经核准或者备案后，作为确定企业国有股权转让价格的参考依据。

（4）内部决策。转让股权所属企业召开股东会就股权转让事宜进行内部审议（如果采取协议转让方式，应取得国有资产主管部门同意的批复，转让方和受让方应当草签转让合同，并按照企业内部决策程序进行审议），形成同意股权转让的决议，其他股东作出放弃优先购买权的承诺。涉及职工合法权益的，应当听取职代会的意见，并形成职代会同意转让的决议。

（5）申请挂牌。选择有资格的产权交易机构，申请上市交易，并提交转让方和被转让企业法人营业执照复印件，转让方和被转让企业国有产权登记证，被转让企业股东会决议，主管部门同意转让股权的批复，律师事务所的法律意见书、审计报告、资产评估报告以及交易所要求提交的其他书面材料。

（6）签订协议。转让成交后，转让方和受让方签订股权转让合同，取得产权交易机构出具的产权交易凭证。

（7）审批备案。转让方将股权转让的相关文字书面材料报国有产权主管部门备案登记。

（8）产权登记。转让方和受让方凭产权交易机构出具的产权交易凭证以及相应的材料办理产权登记手续。

（9）变更手续。交易完成，标的企业修改《公司章程》以及股东名册，到工商行政管理部门进行变更登记。

5.3 控制权转移适用对象

通过公司原有股东之间的股权比例调整方式，实现控制权转移和不并表,以及法人数减少的公司。

5.4 控制权转移三类差异

(1) 对外转让股权:是将集团公司的子公司产权全部或部分以转让给集团公司以外的自然人、法人或其他组织(以下简称"对外转让")的方式退出或放弃宝武方控股权的行为。

(2) 非同比例增资:是集团公司的子公司以非同比例增资方式(宝武方不增资或相对少增资)放弃宝武方控股地位的行为。

(3) 非同比例减资:是集团公司的子公司产权以非同比例减资方式全部退出或放弃宝武方控股地位的行为。

5.5 控制权转移过程关键点

对外转让股权和非同比例增资过程关键点,可以详见表1-5-1。

表1-5-1 对外转让股权和非同比例增资过程关键点及注意事项

过程关键点	注意事项
1. 目标公司增资决策(如适用非公开增资的,还须集团公司批准该方式)或者产权转让审批	增资需目标公司股东会决议通过(2/3以上代表权多数股东)
2. 目标公司净资产审计评估	—
3. 评估结果备案	—
4. 通过产权交易机构公开挂牌转让国有产权或增加注册资本。如原股东增资的可不通过产交所公开征集投资方	产权转让公告期不少于20个工作日;增资公告期不少于40个工作日

续表

过程关键点	注意事项
5. 签订产权转让合同/增资协议	产权交易机构在确定受让方后的次日起3个工作日内,组织交易双方签订协议
6. 公司变更登记手续	向登记机关申请变更股东、变更注册资本等

非同比例减资过程关键点,可以详见表1-5-2。

表1-5-2 非同比例减资过程关键点及注意事项

过程关键点	注意事项
1. 目标公司通过股东会决议	需代表2/3以上表决权股东同意方可通过
2. 目标公司编制资产负债表和财产清单(审计评估)	—
3. 目标公司通知债权人并进行公告	决议作出之日起10日内通知债权人,并于30日内登报公告
4. 债权人可在异议期内要求公司清偿或提供担保	自接到通知之日起30日内,或公告之日起45日内,有权要求公司清偿或提供担保
5. 工商变更登记	公告之日起45日后,在异议事项处理完毕后,申请注册资本的变更登记

6 压减工作问题清单

根据对集团公司2017年前期压减工作推进过程各一级子公司反馈的问题进行梳理,将问题按适用程度分为共性问题和个性问题,形成问题清单如表1-6-1、表1-6-2所示。

6.1 共性问题清单

表1-6-1　　2017年压减过程共性问题清单

序号	提出单位	问题描述	问题属性	相关意见
1	武钢有限	法院强制成立清算组,是否作为压减完成的标志?	共性	法院已立案受理进入强制清算程序,并指定清算组。经与国资委对口处长沟通,法院的裁判文书、财务明确不并表可作为压减完成的标准。 此项工作只是压减工作的过程节点,压减任务完成的最终目标是法人注销
2	宝钢股份	如果变更公司章程,放弃控制权(如董事会表决比例调整等),但对方占股49%,我方占股51%,这种模式是否可不并表?	共性	并表与否没有统一的简单标准,须具体分析判断,建议各一级子公司可以先咨询审计师专业意见。同时不能因为压减而简单考虑放弃控股权,要结合控股权的价值和公司对子公司定位规划综合考虑
3	八一钢铁	子公司清算关闭和资产处置的两个流程如何高效结合?	共性	(1)子公司清算关闭过程中,如果清算关闭行为按照《子公司清理退出管理办法》规定属子公司授权决策权限范围内的,可以由子公司履行内部决策后即启动清算法定程序;被清算公司的相关长期资产处置作为清算关闭的一个环节,涉及的具体处置行为,按产权及非股权性资产转让管理办法的规定操

续表

序号	提出单位	问题描述	问题属性	相关意见
3	八一钢铁	子公司清算关闭和资产处置的两个流程如何高效结合？	共性	作，需要由集团批准的（如涉及所持有的股权投资的协议转让等），请进行专项报批。这样相关长期资产处置行为的审批流程与清算法定流程同步操作，充分利用对外公告期间，节省时间 （2）如果清算关闭行为本身不在子公司授权权限范围，可以与清算过程中涉及的需集团批准的相关长期资产拟处置方案一揽子报集团审批，批复后实施清算程序 （3）"治压办"明确专人对口子公司督促各部门加快审批流程
4	武钢有限	有分公司的要先注销登记才能走清算注销/简易注销程序吗？对于吸收合并同样适用吗？	共性	有分公司的企业做清算注销、简易注销要先注销分公司。吸收合并时并非必须要先注销分公司，可以保留该分公司，并在吸收合并登记完成后，变更登记该分公司名称为存续公司的分公司；如不准备保留该分公司，也可选择在被吸收方注销登记前，先行注销该分公司
5	宝钢金属	待注销公司对母公司存在应付账款，注销后母公司无法收回将产生资产损失，如何处理。	共性	根据《子公司资产损失认定办法》，子公司发生资产损失由子公司负责认定，按年度汇总报集团公司备案

续表

序号	提出单位	问题描述	问题属性	相关意见
6	宝信软件	各区域工商、税务部门的操作要求和标准不统一，如何高效推进压减工作？	共性	各子公司可聘请当地的税务、法务方面的中介机构，协助解决税务、法务方面的障碍
7	欧冶云商	子公司目前有少量业务，可否先转移业务到另一家公司，然后将债务也转给另一家公司承继，再走简易注销程序可以吗？	共性	一级子公司对下属公司的退出方式要有明确意见。债权债务的转移可以参考集团其他子公司的处理方式
8	宝钢金属	孙公司可以吸收合并子公司吗？	共性	建议借鉴东软股份合并吸收东软集团的案例，对母公司和子公司的权益分别进行评估，然后置换
9	宝钢金属	工商部门反馈清算备案7天后才可以登报公告（要在清算备案审核通过后再公告），先于此公告的清算无效，大部分公司清算备案的同时都已公告，怎么办？	共性	法律上并无清算备案7天后才可公告的规定，法务部已咨询宝山工商注册科领导，原则上同意为宝钢提供绿色通道，申报当天即办理备案
10	宝钢金属	进行过网上简易注销申请的不能再走线下备案流程，不能同步进行，如何处理？	共性	上海宝山和南京的工商局由于系统限制只能对简易注销和清算注销进行二选一

续表

序号	提出单位	问题描述	问题属性	相关意见
11	宝钢资源	宝钢资源下属两个全资公司进行吸收合并，整体资产购买需要进行审计，如果单独进行审计时间比较长，可否用年报审计？	共性	先发布公告，然后咨询两个公司的地方工商行政管理部门，再决定用哪一种审计报告，有些地方政府部门有特别要求
12	宝钢资源	启动简易注销是否需要工商部门同意，另外，经营超过三年的公司能进行简易注销吗？	共性	启动该程序是企业的自助操作，并不需要工商同意，但应遵循国家工商总局的相关规定。没有"经营超过三年就不能简易注销"的相关要求，工商总局规定中也无依据
13	欧冶云商	清算审计是必须开展的吗，一般在哪个时间点开展，清算注销公司，去税务机关开清税证明是在哪个阶段，等清算报告出来之后，还是可同时开展？	共性	必须进行审计，登报公告后就可以开始。一般清算过程中也有可能产生税负，因此先出清算报告，再办理税务注销，最后办理工商注销。但对于本身债权债务及资产均清晰的公司，也可和税务部门沟通，适当提前
14	武钢集团	由于525压减任务时间紧迫，可能无法按期完成工商注销，集团公司是否可以明确各压减途径的525压减完成标志？	共性	国资委和中国宝武压减任务完成的验收标准是一致的，即以工商注销完成或实际控制权转移为最终标准。考虑到"5·25"压减任务重、时间紧，集团就"5·25"压减考核标准积极与国资委沟通

续表

序号	提出单位	问题描述	问题属性	相关意见
15	武钢集团	集团"优化压减工作经济行为审批流程"公文中涉及武钢集团的压减公司有调整,是否可以修改授权公司名单?	共性	集团发文后不能再修改授权公司名单,调整的公司可以走正常的上报审批流程,"治压办"跟踪督促,提高审批效率
16	武钢集团	对资产评估公示、备案流程不熟悉,有可能会影响压减进度	共性	资产评估公示可不报集团办公厅,需武钢集团发函给集团钢铁业发展中心;资产评估备案需将请示报告报集团办公厅;评估报告审核需要纸质版,财务部通过联络笺回复审核意见
17	武钢集团	股权类的净资产审计需要走什么审批流程?	共性	股权类的净资产审计需要集团审计部指定审计机构,并由集团审计部进行审计复核,出具复核意见
18	韶关钢铁	集团下达的150家压减名单中,韶钢国贸公司由于诉讼未结案,压减存在不确定性,是否可以通过压减其他公司来完成压减任务?	共性	原则上按上报国资委的名单进行,考虑到实际工作的路径和难度,各一级子公司可以适度调整,报集团"治压办"备案,并重新跟踪

续表

序号	提出单位	问题描述	问题属性	相关意见
19	宝钢不锈钢	宝钢不锈钢下属德盛物流拟采用原股东非同比例增资方式实现非控股且并不表压减目标,集团有没有类似项目的具体实施计划可借鉴?	共性	建议流程: (1) 资产评估 (2) 确定非同比增资方案 (3) 股东同意(内部报批程序) (4) 民主程序(劳动合同不改签,告知控股股东变更,做好维稳预案) (5) 股东会决议
20	宝钢股份	清算注销走法律强制清算程序,是否还需要登报公告?	共性	要公告。强制清算可以解决企业怠于成立清算组,或企业成立的清算组怠于开展清算工作的问题。司法介入组建清算组后,法律要求清算组做的工作,该清算组都要做
21	宝钢股份	注销清算是否一定要出具清算报告?梅山物业已完成税务清算,工商也未要求出清算报告,梅山物业提出税务和工商都未提出这个要求,所以没进行清算审计,这样是否存在风险?	共性	清算组要出具清算报告,报股东认可。清算审计由股东会决定是否要进行
22	武钢集团	前期压减计划中已按管理口径完成压减的公司是否纳入后期计划跟踪清单?	共性	只完成管理口径、未完成法律口径压减的公司要继续纳入后期跟踪计划清单,按承诺函列示的期限推进

续表

序号	提出单位	问题描述	问题属性	相关意见
23	宝钢发展	压减推进过程中，压减计划是否可以根据实际推进情况进行动态调整？	共性	考虑到压减计划的严谨性和保证压减工作推进的总体效率，原则按上报的计划进行。如遇特殊情况，可专题报告集团"治压办"说明，并调整或追加计划

6.2 个性问题清单

表1-6-2　　2017年压减过程个性问题清单

序号	提出单位	问题描述	问题属性	相关意见
1	武钢有限	太仓武钢配送有限公司由武钢集团委托武钢有限管理。股权关系为武钢集团占75%，是大股东，公司注销需要武钢集团出公告，希望尽快协调武钢集团办理	个性	宝钢股份已行文给武钢集团，此项工作双方都有流程和审批事项，请双方协同推动，"治压办"会同财务部协调跟踪
2	宝武环科	宝武环科今年1月新成立，资产是由宝钢发展无偿划转获得，无偿划转在12个月内股权不变的前提下，可享受税收减免政策，如提前关闭子公司，则税收优惠前提不存在，或会涉及宝钢发展补交税金	个性	涉及宁波矿棉、上海宝钢废旧油处理有限公司、上海开宝耐火材料等三家公司的压减工作，宝武环科为主，财务部协同，多种途径解决尽量减少压减成本。宝武环科、宝钢发展与集团财务部具体讨论

续表

序号	提出单位	问题描述	问题属性	相关意见
3	中央研究院	宝航材料由中央研究院管理，集团公司决定清算关闭宝航材料，并成立由中央研究院派人担任组长的清算组	个性	集团已成立清算组；集团治压办、财务部与中央研究院商议相关管理途径
4	宝钢工程	宝锋工程一直都是按照吸收合并推进的，直到4月1号，我们法务才被地方告知不能走吸收合并，只能清算注销，4月2日我们重新公告。现在财务去办税务注销拿的材料都是原吸收合并的，会不会有问题？需要重新准备清算注销的有关文件吗？	个性	根据《纳税服务规范2.2版》，明确办理流程和所需资料的相关要求，不通用的文件需要重新准备
5	宝钢工程	一般的股权转让以产权交易所的交割单为凭证，但三和门业准备将股权转让给日方，拿到交易证明后还需要去上海市外资委审批才能拿到交易所的交割单，由于外资委审批时间无法受控，有可能赶不上5月25日的时间节点，是否可以以交易证明作为压减认可的节点？	个性	按流程推进，向上海市外资委报告，争取时间。交易证明完成是压减任务完成的重要节点标志，从专项压减任务完成评价的角度，已具备及格的条件，最终完成以工商注销为标准。公司"治压办"、治理部将前往国资委进行沟通

续表

序号	提出单位	问题描述	问题属性	相关意见
6	宝钢资源	上海宝江航运有限公司涉及多个股东,可否按照简易注销程序,进行简易注销公告?	个性	形成全体股东承诺书,所有股东在承诺书上签字后,可启动简易注销程序,但应遵循国家工商总局的相关规定
7	八一钢铁	八钢医院准备移交给政府,应进行哪个审批流程?	个性	移交给地方政府,应该走无偿划转流程,建议八钢公司抓紧走程序

7 压减工作验收标准

7.1 简易注销验收标准

简易注销压减工作验收标准如表1-7-1所示。

表1-7-1 简易注销压减工作验收标准

序号	验收项目	类型	确认情况
1	经济行为批复	内部决策文件	
2	股东决定/股东会决议(中外合资经营企业为董事会决议)		
3	企业信用系统公示凭证		
4	审计报告	资产审计/评估文件	
5	评估报告		
6	评估备案		

续表

序号	验收项目	类型	确认情况
7	国税	税务注销凭证	
8	地税		
9	清算报告及(如有)清算审计报告	—	
10	股东对清算报告的审议决议	—	
11	工商注销凭证(准予注销登记通知书)	—	

7.2 清算注销验收标准

清算注销压减工作验收标准如表1-7-2、表1-7-3所示。

表1-7-2　　清算注销压减工作验收标准

序号	验收项目	类型	确认情况
1	经济行为批复	内部决策文件	
2	股东决定/股东会决议(中外合资经营企业为董事会决议)		
3	清算组备案材料		
4	公告报纸		
5	审计报告	资产审计/评估文件	
6	评估报告		
7	评估备案		
8	国税	税务注销凭证	
9	地税		
10	清算报告及(如有)清算审计报告	—	
11	股东对清算报告的审议决议	—	
12	工商注销凭证(准予注销登记通知书)	—	

表 1-7-3　　强制清算压减工作验收标准

序号	验收项目	备注	确认情况
1	经济行为批复		
2	股东决定/股东会解散决议（中外合资经营企业为董事会决议）或其他解散依据	内部决策文件	
3	强制清算申请书	—	
4	法院立案受理通知书	—	
5	法院指定清算组决定书	—	
6	法院裁定确认清算方案	—	
7	法院裁定确认清算报告	—	
8	法院裁定终结强制清算程序	—	
9	工商注销登记	—	

7.3　吸收合并验收标准

吸收合并压减工作验收标准如表 1-7-4 所示。

表 1-7-4　　吸收合并压减工作验收标准

序号	验收项目	备注	确认情况
1	经济行为批复		
2	合并双方股东决定/股东会决议（中外合资经营企业为董事会决议）	内部决策文件	
3	公告报纸	—	
4	审计报告	资产审计/评估文件	
5	评估报告	资产审计/评估文件	
6	评估备案		
7	吸收合并协议	—	

续表

序号	验收项目	备注	确认情况
8	国税	税务注销凭证	
9	地税		
10	被合并方工商注销凭证（准予注销登记通知书）	—	
11	合并方工商变更凭证	—	

7.4 控制权转移验收标准

控制权转移压减工作验收标准如表1-7-5、表1-7-6、表1-7-7所示。

表1-7-5　　股权转让压减工作验收标准

序号	验收项目	备注	确认情况
1	经济行为批复	内部决策文件	
2	股东会决议（中外合资经营企业为董事会决议）		
3	审计报告	资产审计/评估文件	
4	评估报告		
5	评估备案		
6	职工民主程序文件	—	
7	股权转让协议	产权交易文件	
8	交割单（如果有）		
9	工商变更材料	—	
10	财务不并表凭证	—	
11	在册人员不统计凭证	—	
12	维稳、安全、环保责任主体转移凭证	—	

第1部分：法人压减

表1-7-6　非同比例增资压减工作验收标准

序号	验收项目	备注	确认情况
1	经济行为批复	内部决策文件	
2	股东会决议（中外合资经营企业为董事会决议）	内部决策文件	
3	审计报告	资产审计/评估文件	
4	评估报告	资产审计/评估文件	
5	评估备案	资产审计/评估文件	
6	职工民主程序文件	—	
7	增资协议	产权交易文件	
8	交割单（如果有）	产权交易文件	
9	工商变更材料	—	
10	财务不并表凭证	—	
11	在册人员不统计凭证	—	
12	维稳、安全、环保责任主体转移凭证	—	

表1-7-7　非同比例减资压减工作验收标准

序号	验收项目	备注	确认情况
1	经济行为批复	内部决策文件	
2	股东会决议（中外合资经营企业为董事会决议）	内部决策文件	
3	公告报纸	—	
4	审计报告	资产审计/评估文件	
5	评估报告	资产审计/评估文件	
6	评估备案	资产审计/评估文件	
7	职工民主程序文件	—	

续表

序号	验收项目	备注	确认情况
8	减资协议	产权交易文件	
9	交割单（如果有）		
10	工商变更材料	—	
11	财务不并表凭证	—	
12	在册人员不统计凭证	—	
13	维稳、安全、环保责任主体转移凭证	—	

8 压减工作相关模板

8.1 简易注销相关模板

简易注销涉及的主要模板包括：全体投资人承诺书、指定代表或者共同委托代理人授权委托书、公司注销登记申请书等，详见本章附件1、附件2、附件3。

8.2 清算注销相关模板

清算注销涉及的主要模板包括：清算注销资产评估报告、清算报告等，分别详见本章附件4、附件5。

8.3 吸收合并相关模板

吸收合并主要涉及的模板主要包括：吸收合并协议、吸收合并公告、注销公告，分别详见本章附件6、附件7、附件8。

吸收合并协议模板供相关单位参考，若当地工商局有推荐使用版本的，可使用工商局推荐版本。

关于公告，有些工商局仅需吸收合并公告，并在吸收合并公告中明确被吸收合并方需注销，有的工商局需要吸收合并公告及注销公告。因此公告形式需与当地工商局沟通好。

被吸并注销单位如果有分公司的，分公司可以先行办理注销手续，也可以办理分公司隶属关系变更手续（按分公司名称变更的程序办理）。分公司注销无须公告。

8.4　控制权转移相关模板

控制权转移主要涉及的模板包括：股权转让委托合同、产权交易凭证、工商变更凭证，分别详见本章附件9、附件10、附件11。

9　涉及相关的法律法规和集团管理文件清单

9.1　国家法律法规

压减工作涉及的法律法规包括但不限于以下规定：

（1）《中华人民共和国公司法》（2013年12月28日修订）；

（2）《中华人民共和国公司登记管理条例》（2016年2月6日修订）；

（3）《中华人民共和国企业法人登记管理条例》（2016年2月6日修订）；

（4）《工商总局关于全面推进企业简易注销登记改革的指导意见》（工商企字〔2016〕253号）；

（5）《工商总局关于印发〈企业简易注销登记改革信息化技术方案〉等信息化文件的通知》（工商办字〔2017〕17号）。

9.2 集团公司管理文件

压减工作涉及的集团公司管理文件包括但不限于以下规定：
(1)《子公司清理退出管理办法》；
(2)《固定资产及长期投资计划统计管理办法》；
(3)《维稳信访工作管理办法》；
(4)《非股权性资产转让管理办法》；
(5)《关于纳入公司"三重一大"管理的行政事项的通知》。

10 压减工作典型案例

10.1 简易注销案例

BGLZ 简易注销

在国资委将简易注销的管理口径明确为发布公告并承诺 8 月底前完成工商注销即可纳入 2017 年压减实绩后，集团公司领导在"治压办"周例会上要求第一时间与各对口子公司、对口人员沟通国资委考核口径，再次梳理可以通过简易注销方式压减的法人单位。BGJS 经过梳理，认为上海 BGLZ 存在简易注销的可能性。但 BGLZ 为中外合作企业，无法直接采取简易注销途径。

BGJS 相关领导与外方协商同意股权无偿划转后，去商务委办理备案信息变更时，系统无法输入 0 而导致外方金额变为 1 元，不符合简易注销的条件，工商部门因此无法变更，需要商委系统变更或者作出书面说明。

BGQT 工作人员马上联络了宝山区商委，了解到是由于商务委系统出现漏洞导致无法输入0，如何处理需要请示上级领导。BGQT的主管领导得知情况后，第二天即带队走访了宝山区商务委领导，商务委领导明确了解决方案，协调去上海市商务委进行修改，如果市商务委也无法修改，宝山区商务委出文进行系统后台变更。最后宝山区商务委出具了盖章的变更文件，商务委系统问题得到圆满解决。

在BGJS领导、职能部门和BGQT的共同努力下，BGLZ于2017年5月26日完成简易注销系统公告，并出具了8月底完成工商注销的承诺书。

10.2 清算注销案例

OYZX清算注销

根据中国宝武治僵脱困及压减工作具体要求，结合OYYS发展战略及组织模式优化需要，经OYYS讨论、研究，决定于2016年5月底前注销OYYS下属OYZX。在中国宝武"治压办"的指导下，经OYYS内部组织领导和过程管控，于2016年5月24日顺利完成了OYZX的清算注销。

10.2.1 基本情况

OYZX成立于2016年12月20日，由OYYS独家出资成立，注册资本3000万元，实际出资200万元。截至2017年3月31日，OYZX资产总额306.67万元，负债155.53万元。作为中国宝武旗下OYYS家族成员企业，OYZX是专注于为冶金行业圈用户提供资讯、咨询、会展培训等一站式信息解决方案的专业服务公司，力求为矿山、钢铁、贸易、物流加工服务企业、终端用户、政府行业部门、投研机构等用户和合作伙伴提供全面、精准、深度定制化的服务。截至2017年3月31日，OYZX在岗员工5人,协力员工2人。

10.2.2 主要做法

(1) 领导重视,组织保障

为高效推进治压各项工作,OYYS于第一时间成立了治压工作推进组,由两位高级副总裁分别挂帅工作领导小组,兼任治压工作小组组长,OYYS法务、治理、人力资源、财务、投资、审计等专业人员共同组成工作小组。另外,组建OYZX清算小组。

(2) 做好沟通,消除顾虑

为确保后续清算注销工作的顺畅无碍,首先要处理好的一件事是OYZX原7位员工的妥善安排。为此,公司领导班子先期召集OYZX员工座谈会,就公司发展、业务优化以及此次清算注销相关事宜进行说明、沟通,明确了"业务不间断,人随业务走"等调整原则,将OYZX业务、人员先行切换至欧冶数据公司,相关业务得以延续,人员得以妥善安排,消除了员工的心理顾虑,为后续清算注销工作的顺利推进奠定了基础。

(3) 充分论证,周详计划

OYZX清算注销的法律路径一旦确定,即面临"简易注销"和"普通注销"两种方式的选择,通过与中国宝武"治压办"、宝山区工商局反复沟通、确认,克服时间紧、无经验等不利因素,综合权衡两种方式下可能存在的风险、所需环节、所需时间等,认为:采用简易注销方式看似环节简单,但网上公告一旦有人提异议,流程即刻宣告中止,而过程中又很难完全确保利益相关人均不提异议,不可控程度较高;而普通注销看似环节较简易注销多,但可以充分利用报纸公告期的45天时间,做好与各利益相关方的沟通及未尽事项的处理,只要税务、工商部门衔接高效,工商注销完成时间仍可以控制在5月25日之前。因此,果断从原定的"简易注销"方式调整为"普通注销"方式,为清算注销整体工作赢得时间和空间。

法律路径和注销方式明确后,工作组和清算组系统梳理、充分解读中国宝武、BGGF以及外部工商、税务、银行、社保等出台的与公司清算注销相关的各类规章、制度和法规、要求,同时,对OYZX的人员、资产、债权债务等内容进行详细排摸,并对各环节任务开展模拟推演。在此基础上,制订OYZX清算注销详细工作进度计划表,确保每项工作责任到人,完成时间精确到天,并梳理、识别出包含"工商备案、报纸公告、清算方案报批、债权债务梳理、资产转让报批、资产转让(含审计)、清税(含审计)、清算报告报批(含审计)、工商注销"等关键环节(里程碑)在内的关键路线,做到纲举目张。

(4)过程控制,稳妥推进

工作小组和清算小组围绕进度计划开展"天天读",遇到问题不推、不拖,高效沟通、快速协调,做到日清日毕;编制工作周报推送领导小组,领导小组对任务开展"周周读",为各项任务的有序推进保驾护航。

在梳理OYZX现存业务时,为了确保及时通知到所有业务涉及的单位,清算组加班加点,多次确认是否存在遗漏,对梳理出的业务合同耐心解释,并第一时间发出合同终止或转接的告知函,同时立刻办理合同终止或转接手续,保证相关单位业务开展不受影响。

在处理OYZX资产转让报批事项时,工作组与中国宝武对口部门高效沟通,确保在5个工作日内完成集团批复。

在整个清算注销工作过程中,工作组保持与中国宝武"治压办"的密切联系和互动,遇到疑难点及时咨询中国宝武"治压办"对口人员,同时高度关注兄弟单位的动态信息,借鉴、吸取兄弟单位在清算注销过程中的经验、教训，并在中国宝武"治压办"的牵线联络下，提前就清算注销材料交宝山区工商窗口预审核，确保工商注销的如期完成。

（5）合法合规，做好收尾

在充分了解、掌握内外部各类规定、要求的前提下，在整个清算注销过程中，严格履行中国宝武、BGGF、OYYS 董事会、股东会、党委会、总经理办公会等审批流程；各类业务合同的终止、调整等均与合同其他方充分沟通、友好协商后操作；涉及 OYZX 资产转让、税务注销登记及清算报告报股东同意等关键事项，严格按照法规及内部管理规定履行审批手续，并由外部第三方机构进行专项审计后出具审计报告。

在完成了 OYZX 清算注销所有任务后，为了及时保存相关过程资料，不剩遗留问题，工作小组会同清算组仔细梳理了 OYZX 自成立至注销过程中形成的所有档案资料，形成目录清单，及时完成交接或归档。

10.3 吸收合并案例

DBGS 吸收合并

DBGS 是下属的全资子公司，成立于 2012 年 9 月，注册资本 3000 万元人民币。DBGS 是 BGGJ 下属的地区公司之一，主营宝钢股份公司、集团公司钢材贸易，兼营社会钢材贸易，经营品种覆盖碳钢、特钢、不锈钢系列产品，为东北区域内汽车、家电、机械、装备、造船等诸多行业提供期货贸易、现货贸易、货运代理、物流等全方位服务。SYBG 是 BGGJ 下属的全资子公司，成立于 2002 年 4 月，注册资本 16500 万元人民币。SYBG 是 DBGS 下属的加工中心，主要是为沈阳地区及周边地区加工配送用户提供钢材加工配送、仓储等服务。两家公司自 2012 年 9 月开始采用同城一体化运作模式,从事生产经营活动。

10.3.1 企业基本情况

2016年年末,DBGS资产总额198222万元,负债总额188190万元,固定资产97万元,净资产10032万元,职工人数59人。SYBG资产总额25220万元,负债总额2667万元,固定资产13100万元,净资产22553万元,职工人数49人。

10.3.2 压减工作总体进度

(1) 3月29日启动"压减"工作;

(2) 4月2日完成登报公告;

(3) 4月19日出具净资产审计报告及资产评估报告;

(4) 4月20日完成业务切换和系统切换;

(5) 5月12日取得国税局注销通知书和地税局注销通知书;

(6) 5月17日取得工商局准予注销登记通知书。

10.3.3 工作难点

(1) 各项工作流程错综复杂、环环相扣,某一环节的进度都会影响后续任务的完成。"压减"工作是一项兼具了财务、业务、审计、法务、人事等方面的综合性专项工作。如何在各项工作中把控好各项工作的时间节点,同时在推进中做到既有序又交叉,是确保压减任务实现的首要问题。

(2) 业务切换时间紧迫,作为业务切换重要支撑的系统切换方案并没有先例。DBGS周边配套信息化系统有十余家,每家都有接口,一旦改动,需协同单位和改造的接口众多。同时此次系统合并,原合同无法在原公司账套执行完毕,属于两家正在运行中的公司合并,未完结合同也多,业务单据处于中间状态,吸收合并系统方案没有前例，无从参考。

（3）按税务局原有的清税注销流程所需时间无法满足时间要求。税务规定的清税注销时间是全部业务停止满足清税条件后30个工作日完成国税注销，国税注销后20个工作日再完成地税注销，也就是说需要50个工作日方可完成税务注销。其中分别涉及国税和地税的企业税务清算报告、法规科备案、办税大厅注销申请、税政科申请流转、科室进场查账、企业清税、主管科室审批、办税大厅审批、分管局长审批、取得注销通知书等诸多环节，尤其是进场查账环节存在着不确定因素。

10.3.4 工作体会

（1）总部领导、公司领导、专家团队有力决策、大力支持是任务完成的先决条件

①公司领导高度重视，有力决策，快速启动。在接到任务当天即刻成立"压减"工作组，由公司总经理任组长，公司党委副书记任副组长，按照各部门职能进行明确分工，结合"减压"流程，明确专项责任人和时间节点。

②公司党政领导协调政府领导，为"压减"整体工作把舵引航。对于"压减"工作中可能遇到政府流程方面的问题，公司领导与地方政府及时出面协调解决，公司总经理、党委副书记第一时间向区长汇报"压减"工作推进的重要意义和具体情况，取得政府支持，为"压减"创造顺畅的外部环境。

③BGGJ总部各级领导和专家团队全力支持，尤其在遇到重大流程难点、政策难点时群策群力、快速决策，协助扫除各种推进障碍。

（2）推进机制高效运行是任务完成的重要保障

①结合前期排摸出的"压减合并"涉及的所有环节，工作

组形成了《压减合并工作日报》，涉及工作大类 7 项，包括：业务切换、人员切换、净资产审计、资产评估、国税吸并注销、地税吸并注销、工商吸并注销，工作小类 46 项。所有类别工作均制定起始时间和终止时间，将能并行的流程进行梳理，确定并行方案，如资产评估与净资产审计并行、国税和地税注销并行、工商预审并行等。

②工作组每天定时召开碰头会，同时专门建立"东北、沈阳合并工作群"，便于工作组成员随时掌握"压减"工作推进情况，工作群经常为了确定某个问题的最佳解决方案讨论到深夜，以便第二天快速实施。

（3）创新思维，协同运作，确保业务顺利切换

①确定最佳方案。BGGJ 运管部和 SYBG 先后召集了三次紧急会议，宝信 ERP 事业部、体系内业务专家、财务专家、法务专家共同商讨方案，最终集合众位专家智慧创造性地拟定了第三套方案，即将实施分为两个阶段。第一阶段，在 4 月 18 日将 DBGS 数据复制封存，将工贸系统 DBGS 账套名称变更为 SYBG 并将该账套对接的 BMI 账套改为 SYBG BMI 账套，同时将 DBGS 的 BMI 账套财务结余数据导入 SYBG BMI 账套中。工贸系统 SYBG 账套及新 SYBG 账套均对应 SYBG BMI 账套，两个 SYBG 账套并行。第二阶段，在 5 月底，将两个账套合并。

②协同实施。确定系统整合方案后，2017 年 4 月 7 日，在营销管理部的大力协同下，紧急召集体系内包括 BGGF、BGGJ 在内所属 20 余家单位部门商讨接口调整方案。2017 年 4 月 19 日—20 日，DBGS 的 ERP 系统成功切换为 SYBG，周边配套系统同步调整完毕。系统整合第一阶段任务完成。2017 年 5 月 28 日—30 日，两套 ERP 系统成功合并。系统整合第二阶段任务完成。

（4）积极沟通、打破常规，为税务注销赢得时间

①从上至下横向沟通国税、地税局长,改变原有税务审批"串联"模式为"并联"模式。与两局局长汇报国资委、中国宝武、BGGF、BGGJ实施"减压"任务的必要性,取得税务局领导的支持与理解,最终同意将先国税再地税的注销流程,改为国税地税同时进入注销流程,有效利用"营商环境改善"的契机,从上至下打通绿色通道。

②从下至上纵向沟通两局所涉科室,将所有环节的细节全部打开,与相关科室共同确定时间节点,共确定11个阶段的工作,协调了8个科室的联动。

③实现了流程简化。经过协调沟通,同时与税务局主管科室共同解读征管法相关条款,取得主管局的批准,简化了第三方税务清算报告流程、增值税留抵税清查流程、进场核查流程等程序,为税务清算注销赢得宝贵的时间。

综上,整个体系部署有序、分工明确、上下同欲、通力协同,再加之团队高度的执行力和行动力,确保了压减工作的顺利完成。

10.4 控制权转移案例

EGYY 产权转让

为贯彻落实《中共中央国务院关于深化国有企业改革指导意见》以及《关于中央企业开展压缩管理层级减少法人户数工作的通知》《国务院关于印发加快剥离国有企业办社会职能和解决历史遗留问题工作方案的通知》等一系列文件精神,做好"压减"工作的同时解决企业历史遗留问题,EGGS积极探索EGYY改革途径,在集团公司的大力支持与帮助下,圆满完成了EGYY改制及股权转让工作。

10.4.1 前期工作

(1) 领导高度重视,落实相关责任

为做好 EGYY 改制改革工作,EGGS 成立了以总经理为组长、党委副书记为副组长、各相关单位为成员的"EGYY 改革领导小组",并对相关部门职责进行了分工,制定完成时间节点,明确目标,细化措施,落实责任。

(2) 积极研究政策,合理制定方案

EGYY 从改制改革之初,便开始研究国家相关政策及法律法规,对改制改革的风险进行了初步评估。为了实现 EGYY 产权转让得到平稳过渡,通过学习借鉴同类型企业医院改革的成功经验,制定了"先成立全资医院管理有限公司,再进行挂牌转让 100% 股权"的方案,并先后召开了两次经理办公会和一次专题会对 EGYY 的改制及股权转让方案进行讨论研究,同时征求了 EGYY 广大职工的意见。大多数职工对医院的转让方案表示支持,希望医院尽早进行改革,同意改签劳动合同转换身份,广大干部职工拥护改革的态度为 EGYY 产权的平稳转让奠定了坚实的群众基础。

10.4.2 EGYY 基本情况

EGYY 创建于 1958 年,2008 年在湖北省鄂州市事业单位登记管理局登记为事业单位法人,举办单位 EGGS。截至 2015 年 12 月 31 日,医院资产总额 10742.32 万元,负债 4485.21 万元,占地面积约 29.4 亩,为出让医疗卫生用地,土地使用权人为 EGGS。EGYY 是集医疗、预防、教学、康复于一体的现代化综合医院,是鄂州市医保农合、工伤保险定点医院,设置内、外、妇、儿等 18 个临床科室和药、检、放、介入中心、血液净化中心、高压氧治疗中心等11个医技科室，拥有病床528张。

2015年EGYY实现业务收入1.36亿元，利润216万元。其中，门诊收入3280万元，住院收入10320万元。全年门诊量96310人次，全年出院病人数10796人次。

截至2015年12月31日，EGYY在岗职工457人，其中，与EGGS建立劳动关系的有392人，与EGYY建立劳动关系的有65人。

10.4.3 改制及股权转让

（1）改制组建医院管理公司

EGGS将EGYY使用的原划拨用地变性为出让医疗卫生用地，并以其土地、房产以及医疗资质和其他资产等进行审计、评估后作为出资，组建成立全资子公司KHGS，其土地、房产权证以及事业单位法人由EGGS变更为KHGS。

（2）股权转让

对KHGS资产进行审计和评估，并制定KHGS产权转让方案和职工安置方案，先后经EGGS董事会和KHGS职代会审议通过，并由WGJT公司批准后，KHGS100%股权以不低于评估值的价格在上海联合产权交易所挂牌公开征集投资者（评估值1.05亿元，挂牌价2亿元），确保实现国有资产价值最大化。通过挂牌竞价，HYGS以3.4亿元成功竞得标的。2016年10月8日，与HYGS签订《产权交易合同》，10月28日EGGS收到交易金3.4亿元，12月27日完成工商变更手续。

10.4.4 成效及亮点

（1）EGYY产权转让，通过引入战略投资者，既促进了医院获得新的生机与发展，又盘活了EGGS存量资产。在产权转让过程中，合理地运用相关规则，用市场来决定价值，通过不同渠道广泛宣传和推介，并在上海联合产权交易所召开专场推介会，取得良好的反响。另外，EGYY自产权转让启动以来，先后接待了30多位意向投资人和6家产权经纪公司到EGYY现场考察与交流，其中仅正式挂牌的20个工作日内便接待了17位投资人对KHGS开展了详细的尽职调查。2016年7月13日在上海联合产权交易所公开挂牌后，共计征集到5位意向投资人缴纳保证金参与竞价。2016年9月26日在上海联合产权交易所通过53轮激烈竞价，HYGS以3.4亿元成功竞得标的。EGYY产权转让取得了较好的收益（按原EGYY净资产计算，成交溢价率433%），在EGGS生产经营困难的情况下获取一定的增量资金和增值收益，从而促进了企业的转型升级。

（2）EGYY作为事业单位法人直接进行产权转让存在法律障碍，通过先成立全资子公司KHGS，将EGYY举办权转移至KHGS，再转让KHGS100%股权，合理规避了事业单位法人产权不能转让的问题。

（3）为明晰产权，便于产权交易，须将EGYY原划拨工业用地在土地总证上进行分割并变更为出让医疗卫生用地，EGGS向鄂州市委市政府对EGYY的改制及股权转让方案进行了专题汇报，取得了市委市政府的大力支持，土地变性缴纳的出让金按先交后返的方式进行操作（缴纳土地出让金及税费2839万元，扣减相关税费后返还2720万元），不仅明晰了产权，还实现了EGYY净资产的增长。

（4）EGYY产权转让过程中合理地制定了职工安置方案，通过先成立康禾医院管理公司，将与EGGS建立劳动关系的在岗职工，按自愿原则改签劳动合同进入新成立的KHGS，工龄连续计算，不愿改签劳动合同的，由EGGS重新安排工作岗位。产权交易完成,受让方全员接收与 KHGS 和 EGYY 签订劳动合同的在职职工,继续履行在职职工原劳动合同。职工按自愿原则转入受让方,EGGS 不支付经济补偿金,不愿转入的,由 EGGS 重新安排工作岗位。EGGS 编制了产权转让方案、职工安置方案以及相关法律法规的宣传资料,对医院职工进行正向宣传引导,并对少数不理解的职工"一对一"地做思想工作,2016 年 7 月 9 日召开了 KHGS 职代会对原职工安置方案进行了审议,并以无记名投票的方式通过该方案(会议应到代表 55 人,实到代表 52 人,同意 51 票,反对 0 票,弃权 1 票)。EGGS 与 HYGS 于 2016 年 11 月 30 日完成了职工移交 342 人。

(5) EGYY 产权转让得到了 WGJT 领导及相关部门的大力支持,WGJT 改革创新部、规划发展部、经营财务部、人力资源部、法律事务部等部门在审核 EGYY 产权转让方案和职工安置方案时提出了宝贵的意见和建议。改革创新部在履行审批流程上给予大力支持,精简办事流程,合并部分报批程序,以及在与产权经纪公司和交易所签订委托交易合同时帮助 EGGS 争取交易费优惠政策,减少交易费用 130 万元(交易费 5 折)。

10.5 治压三层穿透式压减体系

中国宝武建立了三层穿透式压减工作领导和推进体系。一是集团主要领导在集团层面明确指示、亲自督战。工作层面建立专职治僵脱困、压减法人户数与压减法人层级办公室(简称"治压办"),快速建立例会、周报、日常跟踪监控工作机制。基层各单位党政挂帅、迅速投入,细化跟踪管理,推进"一企一表"制度。二是建立上传下达、信息畅通的报告体系。形成天天读日报制度,利用治压工作微信群、子公司对口联络群、重点事项快报群,实时响应、实时诊断、实时解决、实时推送反馈热点、重点信息。三是建立治压工作激励评价体系。以绩效驱动、结果导向为原则，制定治僵、脱困、压缩管理层级、压减法人户数四项任务的评价办法，将治压工作纳入否决事项，鼓励双超压减（超比例、超目标），设立专项激励，明确奖惩规则。

通过压减培育中国宝武优秀的、严格苛求的基因能力。一是建立严格的盯目标、盯流程、盯进度的日常"三盯"机制；严肃端正态度，严格执行当日事当日毕；严格过程管理，对压减过程中的风险问题不放过；严格验收标准，必须按法律口径验收，确保合法合规，经得起时间检验。二是通过组建专业团队、成立专项小组、开展专项培训、开展专项交流，对沪内、沪外全部子公司覆盖，及时发现问题、解决难题、形成经验，通过实战培育专业能力，通过能力体现专业服务水平。三是创新方式方法，建立"三并行"手段（任务并行、节点并行、方式并行），形成快速响应"四及时"机制（及时服务、及时回复、及时解决、及时补充），探索目标及预警管理，咬住目标不放松，前赴后继不让一家掉队，在压力大、任务重的情况下，保持集团整体划一，初步彰显宝武是一支强大的、持续的、可克服任何困难、有战斗力的队伍。

10.6　串行改并行全流程优化压减周期的实践

2017年3月28日集团公司专项推进压减工作以来，集团"治压办"、职能部门、各一级子公司积极与属地政府部门沟通和对接，系统策划，分类实施。各压减单位积极承担主体责任，充分利用公告期，在公告期内完成税务清算、税务注销工作，并提前做好工商注销材料预审，压减周期大大缩短、效率显著提高，详见表1-10-1。

表 1–10–1　　压减流程优化前后的差异　　　　　　　　单位：天

类　型		3月28日前的压减项目	3月28日后的压减项目
推进方式		串行压减推进流程	并行压减推进流程
公告开始到税务注销用时	最长	610	28
	最短	79	19
	平均	284.7	24.2

注：参考样本分别是串行方式3家、并行方式6家。

据统计，2017年3月28日至5月19日，集团公司压减任务完成的全流程压减时间平均为46.7天。其中，从公告开始到税务注销完成用时33.3天，从公告期满到工商注销平均用时2.2天，详见表1–10–2。

表 1–10–2　　525压减工作全流程压减周期　　　　　　单位：天

序号	工商注销地区	涉及子公司	公告开始到税务注销平均天数	公告期满到工商注销平均天数	公告开始到工商注销平均天数
1	江苏	宝钢股份	21	1	46
2	辽宁		41	1	46
3	武汉		38.7	1.7	45.7
4	新疆	八一钢铁	27	1.5	46.5
5	湖北	武钢集团	39	3	47
6	广西		37	3	47
7	重庆	宝钢金属	26.5	1.5	47
8	上海		29	3.3	48.3
9		宝钢工程	38	2	46
10		宝武环科	30	3	46
	平　均		33.3	2.2	46.7

注：统计数据是3月28日发布注销公告至5月19日前完成工商注销的18户企业。

各一级子公司在压减工作进行全流程压减周期优化,以提高压减效率,尤其是宝钢股份、武钢集团、八一钢铁、宝钢金属等。启示如下:

(1) 整体策划、统筹考虑、明确责任、强化跟踪,全流程压减周期优化空间巨大。

(2) 主动跨前、提前准备、做好预审、良好沟通,有利于整体压减工作的推进和效率提升。

10.7 压减工作 WGJT 案例

WGJT 压减工作

10.7.1 总体情况

国资委和中国宝武压减工作新要求明确后,WGJT 公司立即行动,快速推进,稳扎稳打,取得了不俗的成绩。截至 2017 年 5 月 31 日,WGJT 按期完成纳入计划的 21 家企业的压减任务,加上 2016 年已净压减的 4 家,WGJT 从 2016 年 5 月 31 日至 2017 年 5 月 31 日考核期内,按管理口径净压减 25 家,占 WGJT 总法人户数 117 户的 21%,超额完成中国宝武下达的净压减 16 户的工作目标。

10.7.2 主要做法

(1) 统一思想,做到认识到位

2017 年 3 月 28 日,中国宝武召开治压工作动员会后,WGJT 立即学习传达中国宝武主要领导讲话精神,深刻理解治压工作的重要意义,把思想统一到中央和中国宝武的决策部署上来。

(2) 层层落实责任,做到组织到位

公司成立此项工作的领导小组和"治压办",公司主要领导负总责,分管领导具体负责,班子其他成员按分工抓落实。"治压办"负责公司"治压"工作的组织推进和统筹协调。公司分管副总经理担任主任,改革创新部、经营财务部、人力资源部、审计部为成员单位。"治压办"设工商注销、资产处置、内部审计等3个业务指导小组。明确各子公司是此项工作的责任主体,各子公司相应成立领导小组和工作专班。4月10日,11家子公司负责人同WGJT总经理签订了压减目标责任书,立下军令状。制定压减考核办法,将压减工作纳入子公司组织绩效考核内容,并与其领导人员绩效年薪挂钩。设立压减专项奖,对完成压减工作任务的单位和压减工作作出突出贡献的人员予以奖励。

(3)自我加压,从严要求

为确保完成国务院国资委规定的"压减"比例不低于20%的要求,在2016年压减工作启动伊始,WGJT就自加压力,从严要求,将"压减"比例提高到不低于30%。中国宝武"3·28"动员会后,下达WGJT的压减任务为16家,WGJT又自加压力,将工作目标确定为压减21家企业。

(4)突出战略引领,改革思维

本着"战略引领、改革思维、长效机制"的原则,标本兼治、重在治本、常抓不懈。用改革的思维来推动"压减"工作。对"散、小、弱"业务,加快专业化整合,聚焦升级;对一个时期扭亏无望或者逐步萎缩的业务,统筹步骤有序退出。将国务院国资委关于僵尸特困的治理标准和中国宝武新一轮"瘦身健体"治理标准相结合,建立统一的标准模型,总体上评判经营实体的经营状况,确定需要纳入"压减"范围的企业。从企业经营的本质上深入分析,围绕企业长期健康发展目标,制定更加细致的策略和重点举措,通过"治压"工作,牵引公司整体经营的持续提质增效。

(5) 坚持一企一策,分类处置

在制定压减处置方案上,突出一企一策。充分考虑各单位发展规律、行业特点、业务结构、经营状况等实际情况,采取了"自下而上""上下结合"的方式,逐户分析、研究确定切合企业实际的压减处置方案。在压减方案实施过程中,突出一企一策。有的企业难点在土地处置,有的企业难点在人员安置,有的企业难点在债务处理,有的企业股东找不到。公司根据不同企业的特点,紧紧抓住其重点和难点问题,创新方式方法,切实加以解决。在压减风险防控方面,突出一企一策。压减涉及面广,面临诸多矛盾和复杂情况,公司坚持以人为本,注重风险防控,制定预案,做好稳定工作。

(6) 完善工作机制,加强过程管理

公司统一制定清算注销、股权转让、提升层级、治僵脱困等工作程序。按照中国宝武规定的时间节点逐户倒排工作计划,明确关键节点事项及进度安排。将"1225"压减工作与"525"压减工作同步策划、同步安排、同步推进。"治压办"以"一会两表"为抓手,及时了解工作进展情况,分类整理需要集团协调的事项,及时提供专业意见、政策咨询,实行督办和闭环管理。

(7) 将集体企业同步纳入压减工作安排

为促进集体企业的瘦身健体,提质增效,WGJT将不属于国资委压减工作要求的集体企业纳入压减工作安排,一同布置、一同检查、一同考核,并纳入公司统一的管理体系。要求实业公司和北湖公司两家集体企业按照与全民企业同样的要求、同样的方式、同样的责任推进压减工作。

10.8 压减工作 BYGT 案例

BYGT 压减工作

10.8.1 总体情况

为深入贯彻国资委和中国宝武"开展压缩层级 减少法人户数"工作，BYGT 以推动供给侧结构性改革为导向，进一步深化国有企业改革，着力解决企业法人户数过多、法人链条过长、管理层级多、机构臃肿、管理效率低等突出问题，实施了总部组织机构优化，并下决心苦练内功，以"瘦身健体"为契机，将压减工作与提质增效相结合，更加聚焦钢铁主业，提升多元产业规模效益，按照"巩固加强一批、创新发展一批、重组整合一批、清理退出一批"的要求，分析下属企业经营情况，确认"四个一批"的子公司名单。确定了"将集团公司范围内的管理层级压缩到四级以内，法人单位数量减少 30%；实施总部变革，打造精干高效管理机构；通过专业化整合，穿透式管理推进降本增效，提高运营效率整合集中资源，做强做优主业"的压减目标。

"压减"工作是促进资源优化配置，加快结构调整，提升企业效益的重要手段。"压减"工作开展以来，BYGT 高度重视，行动迅速，取得了阶段性的成果，并逐步构建出业务有进有退、企业优胜劣汰、板块专业化经营、管控精干高效的发展格局。截至 5 月 26 日，压减工作完成情况如下：

（1）全面清理集团公司范围内的五级和六级子分公司，将管理层级压缩至四级以内，共计压缩 23 户。

（2）减少法人户数累计完成 11 户。

10.8.2 主要途径

明确"压减"任务后,BYGT对于处于重组整合、清理退出的子公司,以"四清"为原则,厘清压减单位的人员、债权债务、资产、业务,明确工作目标、工作举措、主要成效和时间节点,形成行动方案,就处置路径反复研讨,多方论证,并及时与当地税务局和工商局取得联系,分别就"压减"工作与政府相关管理部门进行了详细咨询和充分沟通,取得政府部门的理解和支持和业务指导。

(1) 推动资源整合

内部实施资源整合,如对钢结构公司和金运公司采取吸收合并至金属制品公司的方式;对物业、休闲旅游业务实施专业化整合,将旅游有限公司吸收合并至旅行社公司。

(2) 加大清理力度

对非主业、低效无效资产、"三无企业"进行清算注销,如清理BYXG、NFGS等。

(3) 严格控制新增

2017年内BYGT加强投资管理,控制新设企业、严格对外并购,未新增法人户数。对2016年5月30日新增的YSXD的业务、资源、市场、定位等梳理后,决定清算注销。

(4) 控股权让渡

JYGS和XYSN通过引入能带来业务的战略投资者及提高现有公司社会资本比重,让渡控股权,建立更加适应行业特点和需求的体制机制,进一步提升竞争力,拓展成长空间。

(5) 加强集团管控

基于深化改革需要,围绕"改革、转型、创新"三条主线,BYGT对钢铁主业、资源板块、多元板块实施差异化管控模式,对各单位管控模式及相应授权事项进行了调整。按照管控匹配、风险可控、提高效率、责权匹配的原则，对资源和多元板块相关公司进行适度授权，缩小经营单元，独立经营核算。同时，结合公司管控模式调整，对公司各单位组织绩效也相应进行调整，根据各下属公司在BYGT发展战略中的定位，推行不同管控模式下的绩效差异化管理。目前，资源和多元板块相关公司在生产经营管理、人力资源管理等方面基本实现了自主管理，各子公司独立经营、对外拓展业务的意识和主观能动性明显增强，各子公司以服务主业为基础积极拓展外部市场局面初步显现。通过"分块运营、分步实施"，实行"专业化整合、穿透式管理"，汇集全集团的力量，分专业，分单元，有针对性、有序高效推进了BYGT经济运行工作，从经营结果来看，成本、费用大幅下降。经济运行成效初步显现，部分工业运营项目和社会化业务取得明显成效，为公司经营改善作出了贡献。目前，BYGT已具备现金流为正的能力。

为提升工作效率和数据质量，发挥资源的协同效应，BYGT对总部部门的组织机构实施了变革。总部部门职能从高度集中管控向"搭平台、定规则、管评价"的职能转变，重在业务管理、制度建设、服务支持、执行评价，旨在培育和强化总部部门的资本运作能力、管理创新能力、整合协同能力以及市场化服务能力，对风险进行有效监控、预警和应对，目前以规划、监控、服务、目标型管理为重点，提供关键的标准化服务的协同与共享。对价值创造大、关键业务环节进行专业支持和运营管理的打造精干、高效、协同、共享的多功能总部格局已初步显现。

10.8.3 组织保障

（1）加强组织领导

成立了以公司主要领导为主任的治僵脱困及压减工作办公室，负责治僵脱困以及压减工作的总协调，检查各子公司推进情况，协调解决重大问题。

成立了以总会计师为常务主任、董事会秘书为组长的压减工作小组；负责压减工作的整体推进情况，定期向"治压办"报告压减工作进展情况。

成立了以责任单位党政负责人任组长的专项压减工作小组，负责细化专项工作任务，建立专项工作体系，制定重点突出、目标量化、步骤清晰、措施有力、可操作性强的行动方案。

建立专项工作体系，各压减工作责任单位除了在工作组内配置综合管理、设备管理、财务管理等人员外，还能充分动用职能部门的资源：经营财务部负责股权转让、资产处置、会税策划等；审计法务部负责协调处理清理工作中涉及的知识产权、工商、诉讼、债权、债务以及其他法律事务等；人力资源部负责职工劳动关系、经济补偿、社保等有关问题的协调处理管理，包括有关人员的分流方案；设备工程部负责清理工作中涉及的实物资产盘点、账物核对、转让、报废、处置的业务指导。压减工作与扭亏增盈、提质增效工作有机结合，倒逼各子、分公司进一步聚焦主业、扭亏控亏。

（2）加强过程控制

组建 BYGT 压减工作组群，便于技术咨询、业务指导和经验交流。

形成"天天推进展""周周查节点"的工作机制。日常推进情况采取零报告制度，并按红、绿双色区分脱期程度。

"一企一策"是指制定专项压减工作方案，并按定期报告和专题会议的方式推进、总结并滚动调整的方式推进、实施压减工作。

各责任单位和部门统一认识，有舍有得，责任共担，把压减工作当作今年最重要的任务认真抓，全力以赴按时间节点完成压减目标。

（3）稳妥有序推进

严格履行相关程序，防范法律风险，妥善处理各方利益，维护社会稳定。

各责任单位和部门都主动担当、主动作为，从管理、效率上研判和评估，确保合法、合规。对跨单位的系统性、专业性的综合问题通过专题会进行协调、讨论。对于处置路径和决策事项，严格按流程履行决策程序和报批手续。

按照"谁负责、谁牵头、谁评估"的原则，各压减主体单位组织开展风险评估，重点识别合法、合规方面，如注重留存批复、公告、决议、报告等过程凭证材料，建立档案信息库等。关注审计及流程处置方面的潜在风险，关注业务流程方面的潜在风险，关注国有资产处置是否合规、债权追讨、资产和股权转让价格是否公允等。关注人员分流安置是否稳妥，防范不稳定事件等。

为全面反映压减工作成果，从劳动人事、资产质量、费用管控、经营业绩等各方面采集数据，完整反映压减工作的成效。

10.9 压减工作 BGJS 案例

BGJS 压减工作情况报告

10.9.1 总体情况

按照中国宝武"压缩管理层级、减少法人户数"的整体工作部署，BGJS 积极开展压减工作，自我加压，为发展留出空间，完成了集团下达的压减任务，净压减目标 4 家，新增 2 家，共关闭 7 家，净压减完成 5 家。

10.9.2　主要途径

加大清理力度，对非主业、落后产业、低效无效资产、空壳企业进行有效清理。在推进汽贸整体产业退出的过程中，先关闭一批（四家）低效无效企业，为后续宝钢汽贸的股权转让做好准备；整合宝钢气体重庆包装气产业，关闭了两家气瓶检验业务企业；调整合作协议，关闭暂无业务的两家公司。

10.9.3　组织保障

（1）加强组织领导

在集团召开"3·28"动员会后，BGJS 迅速行动，成立了以 BGJS 党政领导为首的压减工作小组，负责开展压减工作，明确牵头部门及职责分工安排，制定了具体的工作方案。

（2）加强过程控制

根据不同业务形态的企业制定不同的处置路径，并按"一企一表"的形式制定压减工作检查表。同时，明确 BGJS 压减工作跟踪"日报"制度，及时跟踪并处理工作推进过程中遇到的各种困难及问题，确保了集团压减任务的顺利完成。

（3）集团"治压办"的指导和统一部署

压减工作时间紧、任务重，涉及很多政府部门的工作。在集团"治压办"的统一协调和部署下，最大限度地加快了宝山地区公司的政府部门处置时间，并解决了过程中出现的问题，这是对完成压减任务的强有力保障。

10.10 压减工作 BGFZ 案例

BGFZ 压减工作

10.10.1 总体情况

根据国资委、集团公司"治僵脱困"及"压减"工作动员会会议精神,并按照 BGFZ 压减工作的总体部署和要求,推进过程中始终把握新一轮治僵和压减工作界定标准,2016 年压缩 2 家分公司,从而全面完成压缩管理层级工作(总体控制在三级以内,含非法人单位);在 2017 年 5 月底前,减少法人户数工作按时并超额完成。

10.10.2 主要途径

(1) 以推动企业内部资源整合为抓手

在减少法人户数工作推进过程中,注重企业内部资源整合,较多地采用了吸收合并方式。从已完成吸收合并项目的最终效果来看,资源整合的目标已基本实现。

(2) 加大清理力度

通过对非主业企业的清理,回收资金 3249 万元,对主业和战略新兴产业形成有力支持。

(3) 严格控制新增

加强投资管理,控制新设企业,严格对外并购。自 2016 以来,新设企业仅有一家。

10.10.3 组织保障

(1) 加强组织领导

①公司作为落实责任的主体,发文成立压减工作的领导和工

作小组,明确分管领导和责任部门,建立专项工作体系。

②下属各业务单元"压减工作"成效将纳入负责人经营业绩考核与领导班子的综合考核评价体系。

(2) 加强过程控制

①以公司战略规划为导向,制订清理方案

从年初开始,BGFZ 对现有 30 项业务进行梳理,明确各项业务的进、退、取、舍,其中对不符合公司发展战略方向、持续亏损、市场竞争力差的业务,定位为退出业务,加快退出;在退出业务涉及公司中,梳理出 4 家子公司并制订了清理方案。

②精心组织,各部门协同

组织了相关部门对审计、税务清算相关工作进行了错峰安排,在此基础上,以 5 月 20 日为后墙,将有关工作进行了倒排,完成了清理工作推进计划,指导推进相关清理工作;任务分解到有关部门,确保任务按时完成;推进过程中,业务单元碰到具体问题,公司职能部门积极协同,借助集团公司职能部门以及集团内其他子公司之力,共同解决问题。

③在联系方式上,BGFZ 班子、职能部门和下属业务单元党政一把手纳入"钉钉"群,及时、有效地推进清理工作。

(3) 稳妥有序推进

①严格履行相关程序:总体按"业务单元上报→党委会→公司领导班子会审议→公司董事会审议→集团公司批复后实施"的流程办理。

②妥善处理各方利益,维护社会稳定。公司办公室与有清理任务的业务单元及时了解职工队伍状况,确定人员安置方案,并进行风险评估并制定维稳预案;工会建立沟通联络机制,制定规范民主流程,指导召开职工大会,最终职工安置方案在职工大会上高票通过。

③公告期满前，主动联系工商部门进行注销前的预审，通过工商部门预先介入，提早发现问题，及时补充资料，确保公告期满后，工商注销审核一次性通过。

④防范法律风险。在一些债权承继过程中，由公司法律事务部审核有关变更协议，确保了债权转移合规有效。

⑤按清理方式的不同，明确了归档材料目录并下发有关业务单元，从项目初即开始档案材料的归集。

10.11 压减工作YPW案例

YPW压减工作情况报告

10.11.1 总体情况

根据集团公司压减专项工作的要求，YPW系统分析下属各存续公司的实际情况：一是各单位不动产已委托管理；二是各单位前期对群体性历史问题处理效果明显；三是经评估目前暂无系统性管理风险；四是各单位虽具历史渊源但经六年来的逐步推进，管理格局基本趋同。

根据上述实际情况，YPW具体落实压减任务，对管理范围内的4家管理层级为3级的子公司进行压减，希望在压减法人数量、压缩管理层级后形成一个以"服务维稳"为主要任务的管理单元，并持续提升存续公司的服务和管控效率。

10.11.2 主要途径

明确压减任务后，及时厘清4家目标单位的资产负债、收入费用、人员状况等基本要素，迅速与上海市宝山区税务局、宝山区市场监督管理局、宝山区房地产交易中心取得联系，分别就压减工作与政府相关管理部门进行了详细咨询和充分沟通，取得政府部门的理解和支持，并及时辐射到虹口等其他相关区域。

根据咨询沟通的情况，YPW 决定对 4 家目标单位采取两种压减方式：

（1）拟对钢管、钢研、三冠采取吸收合并的方式进行压减。

（2）拟对冶金劳服采取清理关闭的方式进行压减。

10.11.3 组织保障

（1）加强组织领导

①重视压减工作任务：YPW 专门就压减工作召开专项工作布置会，推进落实专项工作，确保压减任务的完成，并将压减工作列入当年绩效考核的主要项目之一。

②明确压减工作原则：服从战略原则，控制风险原则，规范操作原则，确保稳定原则。

③成立压减工作团队：以 YPW 综合办为牵头部门，一钢、五钢以及 4 家压减目标公司为责任单位，分别成立压减领导小组和工作团队。

④根据 YPW 的布置，联合工会将压减工作列入劳动竞赛项目，充分发挥凝聚力作用和团队协作精神，积极调动员工工作积极性。

（2）加强过程掌控

①把握压减工作节点。牵头部门、责任单位相互支撑，形成工作合力，化解工作压力，并对整个压减过程进行工作写实，详细记录每项具体工作的内容、要素、周期、步骤等，既可掌握总体工作节奏，同时也能及时了解工作重点难点；

②注重压减过程管理。为确保压减任务按要求节点完成，YPW 制定了翔实的工作方案；在具体实施过程中注意突出实务的有效性和操作的规范性（如根据 SGGS 拥有不动产的特点及时

调整"特殊重组"策略,根据 YJLDGS 对外投资的历史状况所展开的多维度、多渠道的推进),并根据情况及时调整了压减阶段目标;在整体工作计划中,强调了"五个二"的系统要求:

  a. 明确二条压减途径(吸收合并与清理关闭);
  b. 压实二家公司责任(一钢公司与五钢公司);
  c. 倡导二种工作节奏(并联工作与串联工作);
  d. 对接二个区域部门(宝山与虹口、税务与工商);
  e. 把握二个工作节点。

(3) 稳妥有序推进

①口径一致。4 家目标公司的对外咨询联络工作按专业条线落实到具体人员,确保解释口径统一;对在册人员的解释口径一致,避免由于信息不对称或信息过度解读所带来的不稳定。

②步调一致。4 家目标公司的压减基础管理同步展开,及时报告节点,确保专项任务有序推进。

10.12 中国宝武法人压减管理创新实践

打造压减长效机制　助力国有资本投资公司建设

中国宝武自 2016 年启动"压减子公司"工作以来,坚决按照党中央、国务院的部署要求,将压减工作作为"三去一降一补"和供给侧改革的重要抓手,以战略为引领,统筹策划,落实责任,扎实推进。截至 2018 年底,已减少存量法人 249 户,占压减基数 634 户的 39.3%,大大超过 20% 的压减目标;管理层级由 6 级降至 4 级,法人层级由 11 级降至 8 级;累计减少人工成本 3.75 亿元,减少管理费用 2.95 亿元,压减回收(吸引)资金 37.73 亿元。

压减是手段,发展是目的。中国宝武将压减工作与战略规划相结合,把不符合战略的公司全部纳入压减范围;将压减工作与扭亏增盈工作相结合，压减了一大批高负债、长期亏损的企业；建立了压减工作长效机制，实现有保有压，总量平衡。中国宝武在推进压减工作的同时，着力打造压减长效机制，建立投资退出的专业化流程，为打造国有资本投资公司腾出更大的空间。

10.12.1 战略引领，系统策划，提质增效

一是将压减工作与战略规划相结合。对不符合中国宝武战略规划的、非战略储备性的29户子公司，全部纳入压减范围。如下属一家子公司尽管净资产收益率超过10%，但是由于其不符合战略规划，也将其纳入了压减范围。二是将压减工作与整合融合相结合。大力推进原宝钢集团与原武钢集团同类业务的整合、融合，加大推进同城、同类业务的兼并重组，优化资源配置效率。如烟宝钢管吸收合并至鲁宝钢管，实现烟台地区钢铁业务一体化运营等。三是将压减工作与扭亏增盈工作相结合。对8户僵尸企业和29户特困企业重新梳理，将5户僵尸企业和6户特困企业纳入压减范围，2018年底全部完成压减；2016年以来，压减了90户长期亏损企业。四是将压减工作与压缩管理层级相结合。全面清理了法人层级大于5级或管理层级大于4级的子公司。五是将压减工作与培养"退"的能力相结合。国有资本投资公司需要注重培养"退"的能力，将市场影响力小、营业收入小、净资产小、利润小的152户法人也纳入压减范围。

通过对亏损企业的压减，整体效益抵冲影响大大降低，主业利润创历史新高，竞争力显著增强。

10.12.2 梳理存量，明确标准，警示管理

一是全面梳理集团内所有存量法人信息，建立"法人基础信息管理系统"，动态反映法人经营状况。二是明确存量法人黄

牌、红牌警示标准。对以下情况予以黄牌警示：持续亏损（利润总额为负或EBITDA为负）；资不抵债、扭亏无望（负债率超过100%和经营性现金流为负）；业务规模过小（主营业务收入小于500万元）。连续三年被黄牌警示的法人，予以红牌警示。三是明确红牌、黄牌法人管理要求。受到黄牌整改警示的存量法人，制定详细的整改计划，限期完成整改工作。每年举办"扭亏增盈专项行动学习——突围行动特训营"帮助黄牌警示法人扭亏增盈。受到红牌退出警示的法人，纳入下一年度子公司年度压减计划。

通过警示管理，让所有法人明白一个道理："企业不消灭亏损，就消灭亏损企业。"

10.12.3 管理增量，规范退出，有序进退

一是管理增量，新设法人需评估，避免"小散乱"法人的新增。2018年起，中国宝武子公司新设法人，除了常规评估外，还要进行是否符合战略发展、管理层级、法人层级、是否存在同城同业的子公司等方面的评估。只有符合以下情况之一的才同意新设：符合集团重大战略发展方向；业务规模或盈利预测达到预期要求（第三年业务规模预测应达到5000万元或利润总额500万元以上）；利用现有存量资源（如土地、存量公司壳资源），转型发展。二是子公司清理退出实施分类管理，按照简易注销、清算注销（含破产清算）、吸收合并和控制权转移等四种方式，分别事前明确管理要求和验收标准，事中加强合规督查，督促整改，事后逐家、逐项验收，确保合规监督全覆盖。三是编制《压减工作指导手册》，阐述压减方式的法律依据、流程，分享压减经验，指导压减工作依法合规进行。四是法人总量的平衡。在完成国资委三年（2016—2018年）压减任务的基础上，集团

法人户数进行总量控制，有保有压，总量平衡。

总量控制，不是一味强调没有压减就不能新设，而是强调有所为有所不为，应减尽减，应设才设。

10.12.4 推进混改，成批退出，战略主导

中国宝武出让宝钢气体有限公司（以下简称宝钢气体）51%的股权，就是一个典型案例。宝钢气体于2010年8月由中国宝武下属宝钢金属有限公司100%全资发起成立，主要经营空分、氢气、合成气、清洁能源、包装气等五大业务，共有23户法人。自成立以来，宝钢气体保持快速发展，每年净资产收益率超过10%，已成长为国内工业气体行业的主要竞争者之一。但宝钢气体已不符合中国宝武新一轮战略规划，被纳入压减范围。2018年6月15日，宝钢气体在上海联合产权交易所挂牌转让51%的股权，8月17日，该股权以41.66亿元人民币最高有效报价成交，成交价格相比挂牌价、评估值和账面净值分别高出22.1亿元、30亿元、31.65亿元。相对于宝钢气体累计投资成本而言，年复合回报率达到了42.06%；转让股权的总投资回报率高达529.12%，EBITDA倍数为15.44倍，溢价很高。宝钢气体业务退出控制权，保留了第二大股东以及收益权，压减了25户法人，同时确保了国有资本的保值增值，也是国有资本投资公司试点中资本"融投管退"全流程业务运作的一次成功实践。

10.12.5 压减困企，降低负债，降低杠杆

2016年对8户僵尸企业和29户特困企业进行梳理，将5户僵尸企业和6户特困企业纳入压减范围。经过三年推进，2018年底完成了这11户的压减工作。自2016年启动压减工作以来，把长期亏损、高负债公司作为压减主要对象，累计压减

了 90 户长期亏损、高负债企业。2018 年全面梳理 490 户存量法人，发现资产负债率超过 80% 有 117 户，其中有 57 户已资不抵债。按照降杠杆、减负债的工作要求，加大对高负债、高风险子企业的债务风险管控力度，促进高负债子企业资产负债率回归合理水平。中国宝武要求各单位认真梳理高负债率子公司的基本情况，一企一策，研究制定高负债子公司的降杠杆方案，并加以推进落实。将 117 户高负债公司的 40 户纳入了压减范围，并要求 2020 年底前完成法人压减工作。通过对亏损企业的压减，整体效益抵冲影响大大降低，主业利润创历史新高，竞争力显著增强。

10.12.6 完善机制，有奖有罚，助力发展

一是坚定压减决心，完善机制，落实责任。中国宝武董事长、总经理亲自督战，坚持"不讲客观，不讲理由，坚决完成任务""不符合战略规划的企业坚决退出"等原则。在集团层面成立了"治压办"，负责处僵治困、法人压减、参股瘦身三项治压工作，并组建了由财务、审计、法务、人力、维稳、战略规划、工会等专业人士组成的专家小组，既为治压工作解决实际问题，又协同作战，提高效率。集团领导主持召开月度治压例会，协调压减中遇到的问题。二是动态梳理。每年第二季度对法人进行一次全面梳理，校准信息、检查红牌、黄牌企业清理警示执行情况，动态调整拟压减对象。三是与组织和个人绩效挂钩。将压减目标写入子公司年度商业计划书，并签订"目标责任书"。年底视子公司完成情况，有奖有罚、奖罚分明。对完成情况很差的子公司，其主要领导甚至会"起立"。四是制定《法人管理规定》，从制度上明确法人管理要求，同时也明确了对各级单位管控要求，建立了压减长效机制，确保做好业务压减、业务保持和

业务拓展的协调和平衡工作。

治压工作常态化管理后，有利于持续培育退出能力，促进国有资本投资公司资本投资退出的制度化建设。

战略引领扬帆破浪，压减工作砥砺前行。中国宝武建立了压减长效机制，压减工作纳入中国宝武职能化、常态化的管理体系。加快瘦身，固本强基，中国宝武将压减工作作为培育国有资本投资公司"退出"能力的主战场，并将退出能力作为参与市场竞争的关键一环，为打造中国宝武若干个千亿级营收、百亿级利润的支柱产业，及一批百亿级营收、十亿级利润的优秀企业夯实基础。

附件1

全体投资人承诺书

现向登记机关申请＿＿＿＿＿＿（企业名称）的简易注销登记，并郑重承诺：

本企业申请注销登记前未发生债权债务/已将债权债务清算完结，不存在未结清清算费用、职工工资、社会保险费用、法定补偿金和未交清的应缴纳税款及其他未了结事务，清算工作已全面完结。

本企业承诺申请注销登记时不存在以下情形：涉及国家规定实施准入特别管理措施的外商投资企业；被列入企业经营异常名录或严重违法失信企业名单的；存在股权（投资权益）被冻结、出质或动产抵押等情形；有正在被立案调查或采取行政强制、司法协助、被予以行政处罚等情形的；企业所属的非法人分支机构未办理注销登记的;曾被终止简易注销程序的;法律、行政法规或者国务院决定规定在注销登记前需经批准的;股东之间存在纠纷并书面请求不予注销的;第三方利害关系人投诉举报,未处理完结的;不适用简易注销登记的其他情形。

本企业全体投资人对以上承诺的真实性负责,如果违法失信,则由全体投资人承担相应的法律后果和责任,并自愿接受相关行政执法部门的约束和惩戒。

全体投资人签字(盖章)
年 月 日

附件2

指定代表或者共同委托代理人授权委托书

申请人:
指定代表或者委托代理人:
委托事项及权限:

1. 办理_____(企业名称)的

□名称预先核准 □设立 □变更 □注销 □备案 □撤销变更登记

□股权出质(□设立 □变更 □注销 □撤销)□其他
手续。

2. 同意□不同意□核对登记材料中的复印件并签署核对意见;

3. 同意□不同意□修改企业自备文件的错误；
4. 同意□不同意□修改有关表格的填写错误；
5. 同意□不同意□领取营业执照和有关文书。

指定或委托的有效期限：自　　年　　月　　日至　　年　　月　　日

指定代表或委托代理人或者经办人信息	签　字：
	固定电话：
	移动电话：

（指定代表或委托代理人、具体经办人身份证明复印件粘贴处）

（申请人签字或盖章）
年　　月　　日

附件3

公司注销登记申请书

名　称		注册号/统一社会信用代码	
公司类型		清算组备案通知书文号	

续表

注销原因	☐公司章程规定的营业期限届满或其他解散事由出现； ☐股东决定、股东会、股东大会决议解散； ☐因公司合并或者分立需要解散； ☐依法被吊销营业执照、责令关闭或者被撤销； ☐人民法院依法予以解散； ☐公司被依法宣告破产； ☐法律、行政法规规定的其他解散情形：_____。			
对外投资清理情况	☐已清理完毕	☐无对外投资	分公司注销登记情况	☐已办理完毕 ☐无分公司
适用简易注销情形	☐未开业		☐无债权债务	
	☐未发生债权债务	☐债权债务已清算完毕	☐未发生债权债务	☐债权债务已清算完毕
	☐人民法院裁定破产程序终结		☐人民法院裁定强制清算终结	
债权债务清理情况	☐已清理完毕		☐无债权债务	
清税情况	☐已清理完毕		☐未涉及纳税义务	
公告情况	公告报纸名称		公告日期	
申请人声明	本公司依照《公司法》《公司登记管理条例》申请注销登记，提交材料真实有效。 签字：　　　　　　　　　　　　　　公司盖章 　　　　　　　　　　　　　　　　　　年　月　日			

附件 4

净资产评估报告

第一部分　关于评估说明使用范围的声明

第二部分　关于进行资产评估有关事项的说明

　　一、委托方和资产占有方概况

　　二、关于评估目的的说明

　　三、关于评估范围的说明

　　四、关于评估基准日的说明

　　五、可能影响评估工作的重大事项说明

　　六、资产负债清查情况的说明

　　七、已向评估机构提供的资料清单

第三部分　资产清查核实情况说明

　　一、评估对象与评估范围说明

　　二、资产核实情况总体说明

第四部分　资产评估资产基础法技术说明

　　一、流动资产的清查和评估说明

　　二、固定资产的清查和评估说明

　　三、负债的清查和评估说明

　　四、资产基础法评估结果

第五部分　评估结论及其分析

　　一、评估结论

　　二、评估结论成立的条件

　　三、评估结论的瑕疵和特别事项

　　四、评估基准日的期后事项说明及其评估结论的影响

五、评估结论的效力、使用范围与有效期

附件5

清算报告

　　_____公司股东会：
　　_____公司系有限责任公司，由____、____和____（填公司的股东，法人或自然人）共同出资组建，于____年____月____日登记注册，企业法人营业执照注册号_____，注册资本人民币____万元，经营期限____年，经营范围：_____。根据公司____年____月____日公司股东会决议，本清算组自____年____月____日正式成立，现将本清算组成立后开展的清算工作报告如下：

　　一、清算工作的步骤
　　1. 本清算组自____年____月____日正式成立，由____担任组长，____担任副组长。清算期自____年____月____日开始，至____年____月____日结束。
　　2. 聘请____会计师事务所对经营终止日资产、负债及所有者权益账面情况进行了审计并出具了专项审计报告。
　　3. 公司在清算期内已妥善补偿（安置）公司员工；无拖欠职工工资及养老金情况。

　　二、公告情况
　　公司清算组根据《公司法》规定，于____年____月____日在《____》上刊登了清算公告。

三、资产及负债清理情况

1. 截至清算基准日____年____月____日，公司共有资产_____元，其中货币资金_____元，应收账款_____元，固定资产净值____元，无形资产_____元，……（企业根据实际情况列举资产类科目）；负债_____元，其中：其他应付款____元，应付福利费____元，应交税金____元，预提费用余额为_____元……（企业根据实际情况列举负债类科目）；净资产_____元。

2. 资产清理情况：_____。
（比如：清算基准日的应收账款余额为____元，除收回____元外，公司将无法收回的应收账款____元转为清算损失；固定资产净值为____元，公司以____元的价格转让给____公司；无形资产账面余额为____元，公司以____元的价格转让给____公司，支付的转让环节相关税金____元转为清算损失。）

3. 债务偿还情况：_____。
（比如：清算基准日的其他应付款余额为_____元，除债权人申报偿付_____元外，公司将无法支付的其他应付款（应付职工教育经费）_____元转为清算收益；对清算期末无须支付的应付福利费_____元亦转入了清算收益；清算开始日的预提费用余额为_____元，预提应支付的审计费后其余额为_____元，预提的审计费记入清算费用，应交税金_____元已全部上交税务部门，至此本公司的债务已经全部清偿完毕，若有未清偿的债务由股东按出资比例承担。）

4. 清算期发生清算费用共计_____元。

5. 清算净损失（或净收益）____元；抵减清算开始日的所有者权益____元后，剩余财产（或公司亏损）为____元。

四、清算剩余财产分配（或公司亏损承担）情况

公司对剩余财产（或亏损）____元，经股东协商同意，将

按各自实际出资比例分配（或分担）。其中：股东____分得____元，股东____分得_____元。

五、其他事项说明

1. 公司已办理了国税与地税的税务注销登记。
2. 公司档案已由股东会决议委托____公司代为管理。

特此报告。

_____公司清算组
年　　月　　日

清算组全体成员签名：

附件 6

公司合并协议

甲方：_____公司
法定代表人：
住所：

乙方：_____公司
法定代表人：
住所：

甲方、乙方均为依照《中华人民共和国公司法》依法设立并合法存续的有限责任公司，双方出于业务发展需要，决定根据《公司法》有关规定进行合并。就双方合并事项，双方经友好协商,达成协议如下,以兹共同遵守。

第一条 合并双方基本信息

1.1 甲方注册资本:截至本协议签订之日,甲方注册资本为____万元;

1.2 乙方注册资本:截至本协议签订之日,乙方注册资本为____万元;

1.3 乙方股东及股本结构情况:____出资____万元,占注册资本的____%。

第二条 合并方案

2.1 甲乙双方实行吸收合并,甲方吸收乙方而继续存在,乙方解散并注销,乙方所有财产、债权债务、人员等全由甲方承继。

2.2 甲方、乙方实施吸收合并的基准日为____年____月____日(以下简称为"基准日"),甲方于基准日的资产负债表见附件一,乙方于基准日的资产负债表见附件二,甲方、乙方相互认可对方于基准日的资产负债表。

2.3 实施吸收合并后,甲方注册资本为____万元。

2.4 实施吸收合并后,甲方股东及股本结构情况。

2.5 实施吸收合并后,甲方董事、监事、高级管理人员仍由甲方现有董事、监事、高级管理人员担任。

第三条 乙方分公司处置

3.1 乙方若有分公司的,则分公司按方案____处置:

方案一:乙方分公司注销,并由乙方办理分公司注销登记;

方案二:乙方分公司归属于甲方,并办理隶属关系变更登记。

第四条 乙方债权、债务承继安排

4.1 甲乙双方同意,自合并基准日起,甲方享有乙方原拥有的一切财产、权利和权益，承担乙方原承担的一切债务、责任和义务，承继乙方原作为一方当事人的合同、协议和其他类似文件。

4.2　合并实施过程中，乙方应按甲方要求移交全部资产及其全部文件，前述乙方向甲方移交的文件包括但不限于：财产清单、各类资产权属证明、会计凭证、账簿、债权清册、债务清册、人员名单及各类合同、协议等文件。如需办理相关资产权属过户或变更的，乙方应协助办理，相关税费由甲方承担。

第五条　职工安置

5.1　乙方全体职工由甲方接收，原工作年限连续计算。

第六条　双方承诺与保证

6.1　各方均已获得签署和履行本协议全部必要的授权、批准；

6.2　签署、交付及履行本协议，不会抵触或导致违反以下任何一项的规定，也不会对以下任何一项构成违约或触犯以下任何一项：(a) 章程或其他类似的组织性文件；(b) 作为一方当事人的任何重要合同，但已经取得合同他方同意的除外；(c) 任何中国法律，或有管辖权的任何法院、仲裁机构、政府或政府性机构或其他组织或机关发出的任何判决、命令、裁决或法令。

第七条　违约责任

7.1　如果本协议一方违反其保证、承诺，存在虚假陈述行为，或不履行其在本协议项下的任何责任与义务，则构成违约。违约方应当根据另一方的请求继续履行义务、采取补救措施，或给予其全面、及时、充分、有效的赔偿。

第八条　争议解决

8.1　对任何由本协议引起的或与本协议有关的争议，本协议各方应尝试通过友好协商解决。如不能通过友好协商解决该争议，任何一方均有权将争议提交有管辖权的人民法院。

第九条 其他

9.1 本协议自甲、乙双方法定代表人或其授权代表签署，并经甲方、乙方权力机构批准后生效，如甲方、乙方中任何一方权力机构未批准本合同的，本合同对双方不发生法律效力。

9.2 本协议一式____份，甲、乙各执____份，每份具有同等法律效力。

甲方： 　　公司（盖章）
法定代表人或授权代表（签字）：
　　年　月　日

乙方： 　　公司（盖章）
法定代表人或授权代表（签字）：
　　年　月　日

附件 7

企业吸收合并公告

根据吸并双方股东会决议/股东决定，_____公司（统一社会信用代码：_____）拟吸收合并_____公司（统一社会信用代码：_____）。合并后，_____公司存续，_____公司注销。

根据《公司法》和相关法律法规规定，合并双方的债权债务均由合并后存续的_____公司承继。请债权人自本公告之日起四十五日内，向公司申报债权及办理债权登记手续。公司债权人未在规定期限内行使上述权利的，公司合并将按照法定程序实施。

特此公告。

联系人：　　　　　　电话：

地址：

_____公司
_____公司
_____年____月____日

附件 8

注销公告

_____公司（统一社会信用代码_____）经公司股东会决议，拟向公司登记机关申请注销登记。请各债权人自登报之日起 45 日内，向本公司申报债权。

公司住所：

联系人：

电话：

_____公司公告
_____年____月____日

附件9

合同编号：_____

上海市产权交易合同
（2016版）

甲方（转让方）
乙方（受让方）
　　根据《中华人民共和国合同法》《中华人民共和国企业国有资产法》等有关法律法规的规定，甲、乙双方遵循平等、自愿、公平、诚实信用的原则，协商一致，订立本合同。

第一条　产权交易标的
（股权类产权交易标的适用1.1—1.4款，非股权类产权交易标的适用1.5款。）

　　1.1　本合同标的为甲方所持有的_____（产权交易标的名称）。

　　1.2　_____（标的企业名称）成立于____年____月，现有注册资本为人民币_____万元，系_____（出资人/股东名称）出资人民币_____万元，占____%股权。（出资人/股东是多名的，应分别载明）。

　　1.3　经_____资产评估有限公司评估（_____会计师事务所审计）并出具资产评估报告（审计报告）（文号_____），截至____年__月__日，_____（标的企业名称）总资产合计为人民币_____元，负债合计为人民币_____元，标的企业价值（所有者权益）为人民币_____元，产权交易标的价值为人民币_____元。

1.4 除甲方已向乙方披露的事项外，产权交易标的和标的企业不存在资产评估报告（审计报告）中未予披露或遗漏的、可能影响评估结果，或对标的企业及其产权价值产生重大不利影响的事项。

1.5 本合同标的为甲方所持有的_____（产权交易标的名称）。经_____资产评估有限公司评估并出具资产评估报告（文号_____），截至_____年___月___日，产权交易标的价值为人民币_____元。除甲方已向乙方披露的事项外，产权交易标的不存在资产评估报告中未予披露或遗漏的、可能影响评估结果，或对产权价值产生重大不利影响的事项。

第二条 产权交易的方式

2.1 本产权交易采取以下第____种方式：

2.1.1 本合同项下产权交易于_____年___月___日至_____年___月___日，经上海_____产权交易所公开挂牌，挂牌期间征集到乙方一个意向受让方，按照产权交易规则确定乙方为产权交易标的的受让方，乙方同意依法受让本合同项下产权交易标的。

2.1.2 本合同项下产权交易于_____年___月___日至_____年___月___日，经上海_____产权交易所公开挂牌，挂牌期间产生_____个意向受让方，并于_____年___月___日以_____［网络竞价（一次报价、多次报价、权重报价）、拍卖（拍卖机构为_____）、招投标、其他_____］方式组织实施竞价，按照产权交易规则确定乙方为产权交易标的的受让方。

2.1.3 本合同项下产权交易经甲方申请，于_____年___

月＿＿＿日获得甲方实施产权转让的批准主体＿＿＿＿＿＿＿＿＿＿（国有资产监督管理机构或国家出资企业）的批准，甲方同意在上海＿＿＿＿＿＿＿＿产权交易所内采取协议转让方式，将本合同项下产权交易标的依法转让给乙方。

2.1.4 本合同项下产权交易经＿＿＿＿＿＿＿＿（甲方有权决策机构）决定，甲方同意在上海＿＿＿＿＿＿＿＿产权交易所内采取协议转让方式，将本合同项下产权交易标的依法转让给乙方。

第三条 价款

3.1 交易价款为人民币（小写）＿＿＿＿＿＿＿万元［即人民币（大写）＿＿＿＿＿＿＿＿＿＿＿＿万元］。

第四条 支付方式

4.1 乙方已支付至上海＿＿＿＿＿＿＿＿产权交易所的保证金计人民币（小写）＿＿＿＿＿＿万元［即人民币（大写）＿＿＿＿＿＿＿万元］，在本合同生效后直接转为本次产权交易部分价款。

4.2 甲、乙双方约定按照以下第＿＿＿种方式支付价款：

4.2.1 一次性付款。除4.1款中保证金直接转为本次产权交易部分价款外，乙方应在本合同生效次日起＿＿＿个工作日内，将其余的产权交易价款人民币（小写）＿＿＿＿＿＿万元［即人民币（大写）＿＿＿＿＿＿＿＿＿万元］一次性支付至上海＿＿＿＿＿＿＿产权交易所指定银行账户（账户名称＿＿＿＿＿＿＿＿＿＿，账号＿＿＿＿＿＿＿＿＿＿＿＿＿＿＿＿）。

4.2.2 分期付款。首期价款（含保证金）为乙方应支付的本次产权交易价款总额的＿＿＿％，计人民币（小写）＿＿＿＿万元［即人民币（大写）＿＿＿＿＿＿＿＿＿＿＿＿＿万元］，乙方应在本合同生效后＿＿＿个工作日内支付至上海＿＿＿＿＿＿＿＿产权交易所指定银行账户（账户名称＿＿＿＿＿＿＿＿＿，账号＿＿＿＿＿＿＿＿＿

_____）；其余价款人民币（小写）_____万元［即人民币（大写）_____万元］，乙方应在_____年___月___日前向甲方付清。

分期付款（产权交易标的为企业国有产权适用）。首期价款（含保证金）为乙方应支付的本次产权交易价款总额的____%（不低于30%），计人民币（小写）_____万元［即人民币（大写）_____万元］，乙方应在本合同生效之日起5个工作日内支付至上海_____产权交易所指定银行账户（账户名称_____，账号_____）；其余价款人民币（小写）_____万元［即人民币（大写）_____万元］，乙方以_____（保证、抵押、质押等）方式提供担保（具体另附担保合同），并按同期银行贷款利率向甲方支付延期付款期间的利息，且在_____年___月___日（不超过合同生效后1年）前付清。

第五条　产权交易涉及的职工安置

5.1 标的企业的职工情况_____
_____。

5.2 《_____（企业名称）职工安置方案》经标的企业_____年___月___日召开的第___届第___次职工大会（或职工代表大会）审议通过。

5.3 甲、乙双方同意依据《_____（企业名称）职工安置方案》的要求妥善安置职工。

5.4 乙方承诺受让产权交易标的后，同意标的企业继续履行与职工签订的现有劳动合同。

第六条　产权交易涉及的债权、债务的承继和清偿办法

6.1 乙方受让产权交易标的后，标的企业原有的债权、债务由本次产权交易后的标的企业继续享有和承担。

（甲、乙双方及债权债务人关于债权或债务另有协议的，可以作为本合同附件。）

第七条 产权交易涉及的资产处理

7.1 产权交易涉及的资产作如下处理_____
_____。

第八条 产权交接事项

8.1 本合同的产权交易基准日为_____年____月____日，甲、乙双方应当共同配合，于合同生效后____个工作日内（或_____年____月____日前）完成产权持有主体的权利交接，并在获得上海_____产权交易所出具的产权交易凭证后____个工作日内（或_____年____月____日前），配合标的企业办理产权交易标的的权证变更登记手续。

8.2 产权交易涉及需向有关部门备案或审批的，甲、乙双方应共同履行向有关部门申报的义务。

8.3 在交易基准日至产权持有主体完成权利交接期间，与产权交易标的相关的盈利或亏损由____方享有和承担，甲方对本合同项下的产权交易标的、股东权益及标的企业资产负有善良管理的义务。

第九条 产权交易的税赋和费用

9.1 产权交易中涉及的税赋，按照国家有关规定缴纳。

9.2 本合同项下产权交易标的在交易过程中所产生的产权交易费用，双方约定按以下方式承担_____。

第十条 甲、乙双方的承诺

10.1 甲方对本合同项下的产权交易标的拥有合法、有效和完整的处分权，没有隐匿资产或债务的情况。

10.2 甲方保证就转让标的所设置的可能影响产权转让的任何担保或限制，甲方已取得有关权利人的同意或认可。

10.3 乙方具备合法的主体资格，无欺诈行为。

10.4 乙方受让本合同项下转让标的符合法律、法规的规定，不违背中国境内的相关产业政策。

10.5 甲方、乙方提交的涉及产权交易的各项证明文件及资料均真实、完整、有效，不存在故意隐瞒对本合同构成重大不利影响的任何债务、争议、诉讼等情况。

10.6 甲、乙双方签订本合同所需的包括但不限于授权、审批、公司内部决策等在内的一切手续均合法有效，本合同成立和产权转让的前提条件均已满足。

10.7 未经对方事先书面许可，任何一方不得泄露本合同及附件中的内容，但依照国家有关规定要求披露的除外。

第十一条　违约责任

11.1 乙方若逾期支付价款，每逾期一日应按逾期支付部分价款的＿＿‰向甲方支付违约金，逾期超过＿＿日的，甲方有权解除合同，并要求乙方赔偿损失。

11.2 甲方若逾期不配合乙方完成产权持有主体的权利交接，每逾期一日应按交易价款的＿＿＿‰向乙方支付违约金，逾期超过＿＿日的，乙方有权解除合同，并要求甲方赔偿损失。

11.3 本合同任何一方若违反本合同约定的义务和承诺，给另一方造成损失的，应当承担赔偿责任；若违约方的行为对产权交易标的或标的企业造成重大不利影响，致使本合同目的无法实现的，守约方有权解除合同，并要求违约方赔偿损失。

11.4 其他违约责任＿＿＿＿＿＿＿＿＿＿＿＿＿＿＿＿＿＿＿＿＿＿＿＿＿＿＿＿＿＿＿＿＿＿＿＿＿＿＿。

第十二条　合同的变更和解除

12.1 甲、乙双方按照规定协商一致，可以变更或解除本合同。

12.2 出现本合同第十一条所述违约情形的,一方当事人可以解除本合同。

12.3 本合同解除或变更合同主要条款的,上海_____产权交易所出具的产权交易凭证失效,甲、乙双方需将合同解除或变更的事项通知上海_____产权交易所,并将产权交易凭证交还上海_____产权交易所。

第十三条 争议的解决方式

13.1 本合同及产权交易中的行为均适用中华人民共和国法律。

13.2 甲、乙双方之间发生争议的,可以协商解决,也可向上海_____产权交易所申请调解,或选择以下第____种方式解决:

13.2.1 提交上海仲裁委员会仲裁。

13.2.2 提交上海国际经济贸易仲裁委员会(上海国际仲裁中心)仲裁。

13.2.3 依法向_____人民法院起诉。

第十四条 附则

除依法律、行政法规规定需要报审批机构批准后生效的情形以外,本合同自甲、乙双方签字或盖章之日起生效。

本合同一式____份,甲、乙双方各执____份,甲、乙双方委托的产权经纪机构各执壹份,上海_____产权交易所留存壹份用于备案,其余用于办理产权交易的审批、登记手续。

甲方(转让方):　　　　乙方(受让方):
　　(盖　章)　　　　　　　(盖　章)

住　　所：	住　　所：
邮　　编：	邮　　编：
法定代表人：	法定代表人：
（签字或盖章）	（签字或盖章）
身份证号：	身份证号：
（自然人填写）	（自然人填写）
开户银行及账号：	开户银行及账号：
电　　话：	电　　话：
执业经纪人：	执业经纪人：
（签字）	（签字）
产权经纪机构：	产权经纪机构：
（盖章）	（盖章）
住　　所：	住　　所：
电　　话：	电　　话：

签约地点：

签约时间：　　　　年　　月　　日

上海_____产权交易所（交易合同审核章）

附件 10

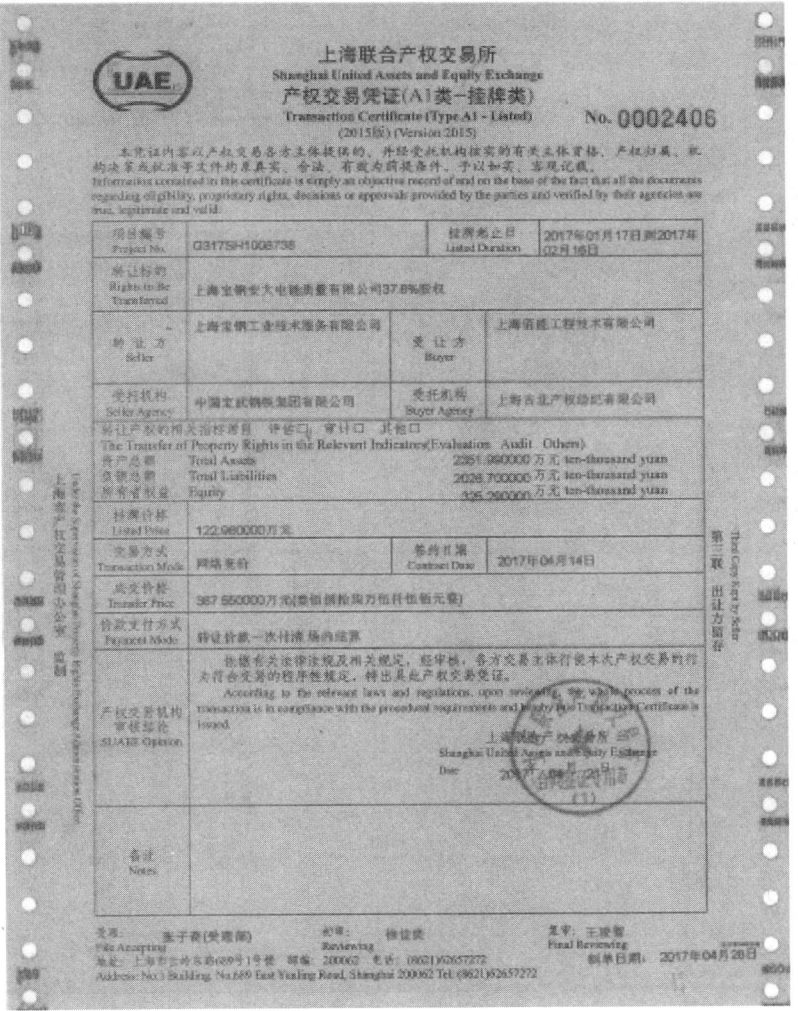

附件 11

内资公司备案通知书

核准号：13500001201706510001
统一社会信用码：91310113631587400A

上海宝钢安大电能质量有限公司：

经审查，你提交的备案申请材料齐全，符合法定形式，我局予以备案。

本次备案的事项：

备案事项	原备案内容	本次备案内容
董事、监事、经理	董事：李桂堂 董事：赵劲松 董事长：李杰 董事：马道双 董事：张建新 董事：朴佩丽 董事：郑常宝 监事：刘静	董事：马道双 监事：刘静 董事：朴佩丽 董事：江淼杰 监事：高风 董事：李杰 董事长：曾永生

四级注册官：（签名）

注：本文书一式二份，一份送达申请人，一份登记机关留存，
此份送达申请人。

第2部分 处僵治困

1　中国宝武处僵治困工作介绍

1.1　处僵治困工作背景

落实中央、国务院处僵治困决策部署的要求。党中央、国务院高度重视国有企业处置"僵尸企业"和开展特困企业专项治理工作。处僵治困是党中央适应、把握、引领经济新常态作出的重大战略部署,是推进供给侧结构性改革、落实"三去一降一补"五大任务的重要举措,是主动调整结构的必由之路。中国宝武的处僵治困工作是落实党中央、国务院决策部署的要求,发挥央企带头作用,带头进一步深化国有企业改革。

提高企业发展质量和效益的客观要求。按

照国资委与中国宝武签订的处僵治困目标责任书的要求，截至2018年底，中国宝武共计需要完成37户僵尸及特困企业处置任务（僵尸企业8户、特困企业29户）。2015年底，这37户僵尸及特困企业，合计亏损240亿元，其中8户资产负债率大于100%，占比20%，这些僵尸、特困企业大大抵冲了中国宝武公司整体效益，影响中国宝武公司发展质量。

中国宝武处僵治困工作的推进，有利于提高管理效率，构建业务有进有退、企业优胜劣汰、板块专业化经营、管控精干高效的发展格局，不断提升发展质量和经营效率，也为中国宝武聚焦发展提供支撑。

1.2 处僵治困工作指导原则

坚持依法依规。依据法律法规规范操作，确保工作程序严谨规范、过程合法合规，防止国有资产流失。

坚持市场化操作。遵循市场经济规律和企业发展规律，充分发挥市场在资源配置中的决定性作用，坚持以企业为责任主体，建立健全优胜劣汰机制。

坚持因企施策。充分考虑行业特点和企业实际，"一企一策"地开展专项治理工作，实施方法上不搞"一刀切"。

坚持以人为本。积极做好职工思想政治工作，切实保障职工的合法权益，妥善分流安置职工，确保社会和企业的稳定。

1.3 处僵治困相关概念

僵尸企业。这是经济学家 Edward J. Kane 提出的一个经济学概念，是指那些无望恢复生气，但由于获得放贷者或政府的支持而免于倒闭的负债企业。原工信部副部长冯飞2016年2月25日说，所谓"僵尸企业"，是指已停产、半停产、连年亏损、资不抵债，主要靠政府补贴和银行续贷维持经营的企业。

根据国资委关于僵尸企业分类标准，僵尸企业主要指停产6个月或半停产12个月以上、资不抵债的企业。

特困企业。每个省份对特困企业的认定都有自己的标准，常见认定为特困企业的包括这三类：一是暂时亏损，无法正常生产在半年以上一年以下，且暂时无力正常参加统筹账户医疗保险的各类企业，以企业拖欠职工工资为界；二是长期亏损，扣除职工工资和维持企业正常运行的费用后，尚有部分缴费能力但无法按正常缴费率参加医疗保险的各类企业，以发部分工资或生活费为界；三是长期停产停业，无力按医保政策规定的最低缴费标准缴费的各类企业，以停工停产、停发工资一年以上为界。

根据国资委关于僵尸、特困企业的分类标准，特困企业主要是指连续三年亏损、资产负债率高的企业，或亏损不足三年，但未来仍将持续亏损和只能实现微利的企业。

处僵治困。中央企业处置"僵尸企业"及开展特困企业专项治理工作，概称为"处僵治困"。

1.4　僵尸、特困企业的界定

国资委对僵尸企业和特困企业有明确界定。

僵尸企业包括：

（1）大中型企业中不能清偿到期债务、资不抵债或实际已资不抵债、扭亏无望的企业。

（2）大中型企业中已停产半年或半停产一年以上，靠政府补贴和银行续贷存在的企业。

中型企业是指资产总额2000万元以上但小于4亿元、职工300人以上的企业，大型企业是资产总额4亿元以上、职工300人以上的企业。

特困企业包括：

（1）大型企业（资产总额 4 亿元以上、职工 300 人以上）中连续三年亏损和盈利额不足 1000 万元，或不足三年但未来仍持续亏损和只能实现微利的企业。

（2）中型企业（资产总额 2000 万元以上但小于 4 亿元、职工 300 人以上）中连续三年亏损和盈利额不足 200 万元，或不足三年但未来仍持续亏损和只能实现微利的企业。

小型工业企业和非工业企业，按照分级分层原则由中央企业集团公司限期自行治理，工作结果和进展定期向国资委报告。

1.5 处僵治困处置方式

处僵治困处置方式一般分为强化管理、债务重组、兼并重组和淘汰退出四大类。

强化管理主要是指积极引入社会资本发展混合所有制经济，依照有关规定探索实行员工持股，充分调动各方面积极性，增强企业活力；通过引入先进管理模式、科学设定管理层级、从严定岗定员、优化管理流程等措施，实现精细化管理，提高经营管理水平；完善评价激励机制，深化劳动、人事、分配三项制度改革；通过开展对标管理和成本倒逼管理，深入内部挖潜增效，提高企业盈利能力。

债务重组主要是指加强与金融机构等债权人的沟通协调，采用市场化方式，优化企业资本结构，有效减轻债务负担；积极推进债务重组，降低企业财务费用，为改革脱困创造有利条件。

兼并重组主要是指实施业务整合、兼并重组，提高产业集中度，突出主业；对产业管理度及产品附加值较低、经济效益较差、发展前景不佳的企业，充分运用市场机制，盘活低效、无效资产，实现资产处置收益最大化；对有条件转型转产的企业，支持实施搬迁改造，集中发展优势产业和高附加值产品，培育新的效益增长点；对于地方经济发展有良好协同效应的企业，采取无偿划转或产权转让方式，交地方政府或企业管理，促进区域经济结构调整。

淘汰退出主要是指对行业发展前景黯淡、产品不适应市场需要、产能及工艺落后、劳动生产效率低下的企业，难以实施管理提升的，应下决心依法淘汰退出。

2 处僵治困工作完成标准

2.1 处僵治困工作完成标准

处僵治困各种方式完成标准见表 2-2-1。

表 2-2-1　　处僵治困各种方式完成标准

分类	完成情况	完成标准
强化管理	主体完成	①完成 80% 以上富余人员分流安置 ②完成低效无效资产处置 ③产线开工率超过 80% ④实现减亏控亏，经营现金流为正，资产负债率明显下降
	基本完成	①完成资产盘活和富余人员安置 ②实现减亏 50% 或扭亏为盈 ③资产负债率降至行业合理水平 ④劳动生产率明显提高，成本费用占比明显下降

续表

分类	完成情况	完成标准
债务重组	主体完成	①签订具有法律效力的债务重组协议 ②完成80%以上富余人员分流安置 ③完成低效无效资产处置 ④产线开工率超过80% ⑤资不抵债的僵尸企业负债率降至90%左右，其他高负债企业负债率降至80%左右
	基本完成	①完成资产盘活和富余人员安置 ②完成债务重组相关工作 ③实现减亏50%或扭亏为盈 ④资产负债率降至行业合理水平
兼并重组	主体完成	①签订具有法律效力的股（产）权转让协议 ②完成80%以上富余人员分流安置 ③完成低效无效资产处置 ④产线开工率超过80% ⑤经营亏损减少
	基本完成	①完成资产盘活和富余人员安置 ②完成股（产）权转让程序 ③实现减亏50%或扭亏为盈
淘汰退出	主体完成	①停止经营活动，完成主要经营性资产处置工作 ②完成80%以上人员分流安置 ③破产重整或清算方案已通过内部决策程序 ④完成税务注销
	基本完成	已进入破产重整或破产清算程序，或完成工商注销

2.2 处僵治困工作完成标准的说明

2.2.1 关于财务状况明显改善完成标准的认定

（1）以"实现减亏控亏"作为主体完成标准中反映财务状况明显改善的主要评判指标，毛利率、成本费用占收比、资产负债率等其他指标可作为辅助参考指标，综合评判财务状况改善程度。

（2）"减亏控亏"是指经营亏损减少，当期承担的安置富余人员费用，处置低效无效资产损失以及消化处理"三供一业"分离移交、厂办大集体改革、剥离办社会职能等历史遗留问题发生的改革成本，不属于当期经营因素。

（3）因行业周期性、战略性或政策性调整等因素，短期难以完成经营减亏目标的，企业应细化具体的降本增效措施，制定详细的年度减亏目标，力争在2020年扭亏脱困或实现比2015年减亏50%以上。

（4）对于兼并重组改造的"僵尸企业"和特困企业，"经营亏损减少"这一标准主要用于评价集团内部重组或中央企业间专业化整合的情形。涉及集团内合并、分立等资产重组的，应结合资产重组前和重组后一段期间相应业务在生产管理、盈利能力等方面的改善情况，进行综合评判。

2.2.2 关于资产负债率完成标准的认定

（1）对于债务重组脱困的"僵尸企业"和特困企业，考虑到债务重组、债转股等措施从方案签订到最终实施完成通常需要一定周期，衡量资产负债率是否达到主体完成标准，可考虑以下实际情况：企业已经制定并正在执行债务重组方案，有贷款展期、利息减免以及债转股等具体措施安排，或带息负债规模减小，或资金成本明显下降，或负债结构有所改善。

（2）对于强化管理提升的"僵尸企业"和特困企业，因当期承担安置富余人员费用、处置低效无效资产损失以及消化处理"三供一业"分离移交、厂办大集体改革、剥离办社会职能等历史遗留问题，导致资产负债率暂时上升的，企业要制定降低资产负债率的具体措施，确保资产负债率在2020年前降至行业合理水平。

（3）对于仍有资产价值和发展前景的"僵尸企业"和特困企业，应积极通过改善提升经营质量、盘活存量资产、吸收资本改善结构等方式，降低资产负债率；集团公司可适度采取补充资本、内部债权转股权等方式支持"僵尸企业"和特困企业优化资本结构。

2.2.3　关于安置富余人员完成标准的认定

根据工作实际情况，"僵尸企业"和特困企业的处置方式发生调整或生产经营情况发生重大变化时，企业可以适当调整富余人员安置计划。处置方式和富余人员安置计划的调整，在规范履行集团公司决策程序后，须向国资委书面备案并详细说明调整原因。

2.2.4　关于清理淘汰退出完成标准的认定

（1）对于关闭撤销的"僵尸企业"和特困企业，原则上以税务注销为主体完成标准。

（2）对于因客观原因短期难以完成资产或债务处置的企业（如留存土地资产待处置后偿还相关债务等），或因诉讼仲裁等需暂时保留法人资格的企业，或因落实政策短期难以完成税务注销的企业（如配合当地政府等），可从履行决策程序、停止生产经营、完成人员安置、土地等资产相关工作已启动等方面进行综合评判。

（3）对于破产清算、破产重整的"僵尸企业"和特困企业，原则上以向法院提交申请并予以受理为主体完成标准。对于因客观原因法院暂未予受理的企业，可对完成决策程序、满足破产条件、提交申请资料等方面进行综合评判。

3 强化管理

3.1 强化管理法规依据

强化管理的法规依据有《中华人民共和国公司法》（2013年修订）、《法人管理规定》、《关于开展特困企业专项治理方案》、《处置"僵尸企业"和开展特困企业专项治理工作完成标准》、《关于加强亏损子公司扭亏增盈工作的管理办法》等。

3.2 强化管理的主要措施

对于管理粗放、冗员过多、运行成本偏高、劳动生产率明显低于行业平均水平的子公司，大力实施减员增效，全面深化内部改革，提高全员劳动生产率，提升市场竞争力。充分调动集团内优势资源，加大内部协同力度，推动亏损子公司持续提升经营管理水平。

对强化管理的僵尸、特困企业本身而言，其主要措施十分广泛。帕森斯的结构功能主义理论认为社会系统（包括企业）的结构是为了满足功能而存在的，主要功能包括：适应环境、目标达成、整合协调、维持共同价值观；利维特将组织内部要素分为社会结构、目标、技术和参与者；理查德·斯格特把目标、权力与控制作为组织内部的三要素。我们从组织理论的一般思路出发，从四个维度构建了母子关系型企业集团治理模型，即目标体系、管理架构、业务运作和机制配套，见图2-3-1所示。强化管理的僵尸、特困企业可根据自身情况，制定明确的瘦身健体、降本增效方案。

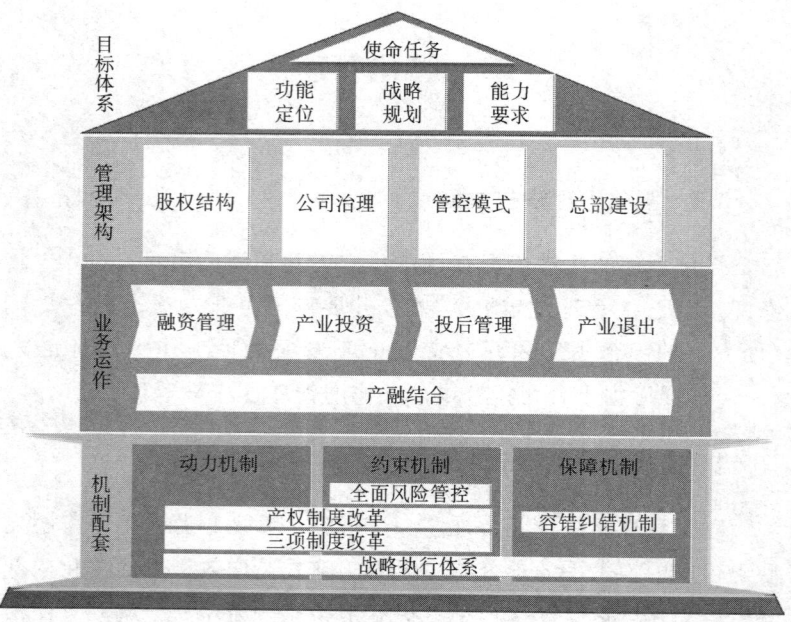

图2-3-1　母子关系型企业集团治理模型

集团公司对强化管理的僵尸、特困企业，有明确措施。

对僵尸、特困企业予以黄牌、红牌警示。受到黄牌整改警示的企业，须制订详细的整改计划，限期完成整改工作，企业主要负责人参加每年举办的"扭亏增盈专项行动学习——突围行动特训营"。受到红牌退出警示的企业，纳入下一年度子公司年度压减计划。

各一级子公司须与下属亏损子公司签订扭亏增盈目标责任书，落实管理责任，明确扭亏增盈工作的责权利。在签订目标责任书时，须体现以下管理要求：

（1）自2015年起，对能够实现扭亏的连续亏损子公司，经审计确认后，由上级公司根据实际情况，对企业进行奖励，对其主要领导人和班子成员予以嘉奖，已按相关规定下调的履职待遇予以恢复。对连续两年以上实现盈利的连续亏损子公司，对其主要领导人员予以重用，职级提升一级。

（2）各子公司可对下属子公司的扭亏增盈工作设立阶段性目标，并根据实际完成情况，分阶段在工资总额、绩效薪酬等方面给予激励。对于在扭亏增盈工作中表现突出、成绩显著的领导人员，可作为中国宝武荣誉奖励的推荐人选。

（3）新进亏损企业承担扭亏重任的主要领导人员，可按提升一级确定薪酬及履职待遇，实现扭亏增盈目标任务的，所提职级予以确定；完不成目标的，则按原职级管理。

（4）对处于亏损状态的子公司，其主要领导人员（或党政负责人）不得提拔使用；原则上不得异地交流。如确需异地交流，应降级使用；若确属特殊情况，需要平级调整交流的，履行必要的组织程序后，应报集团公司组织部备案。

（5）对于截至2014年底（或自2015年起）连续亏损2年以上的子公司，且其主要领导人员（或党政负责人）在该公司任职已满2年及以上的，应按下调一级的原则确定其领导班子成员的履职待遇，并报集团公司办公厅和组织部备案。对自2015年起的2年内不能实现扭亏目标的亏损子公司，对其主要领导人员（或党政负责人）原则上就地免职，如已按相关规定提升职级的，取消所提职级。

（6）以上1至4项中，涉及领导人员职级调整的，适用于经营规模较大（按资产规模、营业收入和员工人数等综合考虑）、扭亏难度大的子公司，其他亏损子公司原则上由其上级公司根据实际情况，通过年度绩效评价、薪酬、嘉奖等方式予以评价、奖惩。

上述第（1）至第（4）项有关内容，并不影响公司日常有关管理制度的执行，对于出现"庸、懒"等不作为情形，"贪、渎"等违纪、违法情况的，仍按公司有关规定，随时发现，随时查处。

各公司应依法依规核算经营成果，如在以后年度发现有弄虚作假情形的，对已授予的各类奖励予以追溯，并按规定追究相应责任。

（7）新设公司应在设立之日起 3 年内实现盈利，其中制造类新设公司应在正式投产之日起 2 年后实现盈利。总部型公司应通过机制设计等方法实现 2 年内扭亏。

（8）对因政策及特殊原因（如属于集团战略性的投资，执行集团相关规定产生的政策性亏损，处于战略培育期的投资等）出现亏损的，可由各子公司专题报集团公司研究通过后，适当延长扭亏期限，延长期间作为政策性亏损公司进行管理。对政策性亏损公司应审核明确政策性亏损的原因及相应的额度、逐年减亏目标和扭亏期限。超出部分及通过努力降低亏损的额度应视为亏盈，仍纳入扭亏增盈考核中。

集团公司的支撑措施主要有：

（1）由四大中心全面负责对口亏损子公司扭亏增盈的协调、指导和评价工作。

（2）财务部牵头，会同四大中心按月跟踪和通报亏损子公司的整体情况，按季度评估亏损子公司扭亏增盈工作推进情况。积极争取国家奖补资金政策，对化解过剩产能、处置"僵尸企业"和特困企业职工安置时符合国家政策规定的费用予以一定比例的补助。

（3）战略规划部对战略培育期的亏损子公司进行审核、认定。

（4）人力资源部跟踪落实好工资总额、干部任免等事宜。

（5）审计部对子公司扭亏增盈工作进行专项检查。

（6）维稳办对亏损子公司关停并转中涉及的相关维稳工作提供指导。

（7）管理学院制订专项培训方案，组织对亏损子公司领导班子进行培训，提升亏损子公司经营管理水平。

（8）宣传部、企业文化部策划扭亏增盈宣传报道方案，经集团公司审定后，加大扭亏增盈的专项宣传力度，包括安排对亏损子公司领导班子的专题采访、对推进工作进行相关报道等。

3.3 强化管理适用情形

符合集团公司战略定位，虽持续亏损（利润总额为负或 EBITDA 为负）但扭亏有望的僵尸、特困企业；处于战略培育期或具有特殊功能的企业。

3.4 强化管理的关键点

强化管理的关键点及注意事项见表 2-3-1。

表 2-3-1 债转股过程关键点及注意事项

过程关键点	注意事项
1. 有明显的瘦身健体、降本增效方案	方案已实施，有效果证明材料
2. 无效资产处置	需完成处置
3. 产线开工率超过 80%	—
4. 完成资产盘活和富余人员安置	—
5. 资产负债率降至行业合理水平	钢铁行业负债率为 70%

4 债务重组

4.1 债务重组法规依据

债务重组的法规依据有《中华人民共和国公司法》(2013年修订)、《企业会计准则——债务重组》、《国有资产评估管理办法》、《产权变动净资产审计管理办法》、《关于开展特困企业专项治理方案》、《处置"僵尸企业"和开展特困企业专项治理工作完成标准》、《增资交易管理办法》等。

4.2 债务重组适用情形

符合集团公司战略定位,因为债务重而持续亏损,业务规模不是很小(主营业务收入大于500万元)的僵尸、特困企业。

4.3 债务重组的几种主要方式

债务重组又称债务重整,是指债权人在债务人发生财务困难情况下,债权人按照其与债务人达成的协议或者法院的裁定,作出让步的事项。也就是说,只要修改了原定债务偿还条件的,即债务重组时确定的债务偿还条件不同于原协议的,均作为债务重组。

债务重组的主要方式有:

(1) 以资产清偿债务。债务人转让其资产给债权人以清偿债务的债务重组方式。债务人通常用于偿债的资产主要有:现金、存货、金融资产、固定资产、无形资产等。以现金清偿债务,通常是指以低于债务的账面价值的现金清偿债务,如果以等量的现金偿还所欠债务，则不属于债务重组。

（2）债务转为资本。债务人将债务转为资本，同时债权人将债权转为股权的债务重组方式。但债务人根据转换协议，将应付可转换公司债券转为资本的，则属于正常情况下的债务资本，不能作为债务重组处理。

（3）修改其他债务条件，如减少债务本金、降低利率、免去应付未付利息等。

（4）以上三种方式的组合：

①债务的一部分以资产清偿，另一部分则转为资本；

②债务的一部分以资产清偿，另一部分则修改其他债务条件；

③债务的一部分转为资本，另一部分则修改其他债务条件；

④债务的一部分以资产清偿，一部分转为资本，另一部分则修改其他债务条件。

下列情形不属于债务重组：

（1）债务人发行的可转换债券按约定转为股权（因为没有改变约定）；

（2）债务人破产清算（此时应按清算会计处理）；

（3）债务人改组（权利与义务没有发生实质性变化）；

（4）债务人借新债偿旧债（借新还旧时，旧的债务已经被履约）。

4.4 债权转股权

债务重组的主要方式有四种，这里重点介绍债权转股权。

（1）债权转股权的界定

债权转股权（债转股），是指债权人将其依法享有的、在中国境内设立的有限责任公司或者股份有限公司（以下统称公司）

的债权,转为公司股权,增加公司注册资本的行为。

(2)债权转股权应当经依法设立的验资机构验资并出具验资证明。验资证明应当包括下列内容:

①债权的基本情况,包括债权发生时间及原因、合同当事人姓名或者名称、合同标的、债权对应义务的履行情况;

②债权的评估情况,包括评估机构的名称、评估报告的文号、评估基准日、评估值;

③债权转股权的完成情况,包括已签订债权转股权协议、债权人免除公司对应债务、公司相关会计处理;

④债权转股权若依法依规须报经批准的,需要出具被批准的证明材料及情况。

(3)债权转股权一般程序

包括债权转股权经济行为的审批、审计、资产评估和评估结果备案,签订债转股协议,工商变更和产权变更登记等程序。

(4)涉及主要管理文件《增资交易管理办法》

(5)债转股的过程关键点及注意事项见表2-4-1。

表2-4-1 债转股过程关键点及注意事项

过程关键点	注意事项
1. 债转股决策(如适用非公开增资的,还需集团公司批准该方式)或债转股审批	债转股需债转股公司股东会决议通过(2/3以上代表权多数股东)
2. 目标公司净资产审计评估	—
3. 评估结果备案	—
4. 签订债转股协议	—
5. 公司变更登记手续	向登记机关申请变更股东、变更注册资本等

5 兼并重组

5.1 兼并重组法规依据

兼并重组法规依据有《中华人民共和国公司法》（2013年修订）、《企业国有产权无偿划转管理暂行办法》、《关于开展特困企业专项治理方案》、《处置"僵尸企业"和开展特困企业专项治理工作完成标准》、《国有产权无偿划转管理办法》等。

5.2 兼并重组程序

加大兼并重组、盘活存量资产等方式，加快资源整合和技术改造，提高生产效率。大力实施业务整合，提高产业集中度，突出主业。对产业关联度和产品附加值较低、经济效益较差、发展前景不佳的企业，充分运用市场机制，盘活低效无效资产，实现资产处置收益最大化。对有条件转型转产的企业，支持实施搬迁改造，集中发展优势产业和高附加值产品，培育新的效益增长点。对于与地方经济发展有良好协同效应的企业，可采取无偿划转或产权转让方式，交由地方政府管理，支持地方实现协同发展，实现区域经济结构调整。

兼并重组主要实施方式有控制权转移（含对外转让股权、非同比例增资、非同比例减资）、无偿划转等。其中，控制权转移的程序参见本书第一部分第5章《控制权转移》。无偿划转的程序参见集团公司制度文件《国有产权无偿划转管理办法》。主要操作要点有：开展可行性研究、制定无偿划转方案、审议内部决策、形成书面决议、审议民主程序、明确债务处置方案、拟定和签订无偿划转协议、履行审批程序等。

（1）开展可行性研究，制订无偿划转方案。国有产权无偿划转应当做好可行性研究，可行性论证一般应当载明下列内容：

①被划转企业所处行业情况及国家有关法律法规、产业政策规定；

②被划转企业主业情况及与划入、划出方企业主业和发展规划的关系；

③被划转企业的财务状况及负债情况；

④被划转企业的人员情况；

⑤划入方对被划转企业的重组方案，包括投入计划、资金来源、效益预测及风险对策等；

⑥其他须说明的情况，包括无偿划转涉及的税费等成本分析、对划出方及划入方注册资本金的影响、内部决策程序、工作计划等。

（2）划转双方应当在可行性研究的基础上，按照内部决策程序进行审议，并形成书面决议。

（3）国有产权无偿划转所涉及的职工及分流安置事项，应当经被划转企业职工代表大会审议通过。

（4）明确债务处置方案。划出方应当就无偿划转事项通知本企业（单位）债权人，并制订相应的债务处置方案。

（5）出具无偿划转依据。划转双方应当组织被划转企业按照有关规定开展审计或清产核资，以中介机构出具的审计报告或经划出方国资监管机构批准的清产核资结果作为企业国有产权无偿划转的依据。

中介机构出具的股权性资产审计报告和含债权债务的非股权性资产审计报告，应根据集团公司相关规定，由集团公司审计部出具审核意见。

（6）拟定和签订无偿划转协议。划转双方协商一致后，应当拟定企业国有产权无偿划转协议，并在无偿划转事项获得批准后，签订协议。划转协议应当包括下列主要内容：

①划入、划出双方的名称和住所；

②被划转企业的基本情况；

③被划转企业国有产权数额及划转基准日；

④被划转企业制订的职工分流安置方案；

⑤被划转企业制订的债权、债务（包括拖欠职工债务）以及或有负债的处理方案；

⑥划转双方的违约责任。划转双方应当严格防范和控制无偿划转的风险，所做承诺事项应严谨合理、切实可行，且与被划转企业直接相关，不得以重新划回产权等作为违约责任条款；

⑦纠纷的解决方式；

⑧协议生效条件；

⑨划转双方认为必要的其他条款。

（7）履行审批程序。划转双方应当按照相关规定将国有产权无偿划转事项逐级上报，获得批准。

（8）划转双方应当依据相关批复文件及划转协议，办理相关事项。

①无偿划转导致划出方注册资本金减少的，划出方应根据相关法律规定，启动减资公告程序及通知债权人程序。

②划转双方应及时进行账务调整。对非股权性资产的无偿划转，划入方不能直接增加实收资本。

③无偿划转涉及划转双方的任何一方注册资本和实收资本发生变动的，应按规定办理工商变更登记和产权变更登记等手续。

④股权无偿划转的，被划转方应及时办理工商变更登记和产权变更登记等手续。

5.3 兼并重组适用情形

符合集团公司战略，但存在同业恶性竞争、行业重复建设、技术水平偏低、产品竞争力不足的僵尸、特困企业。

5.4 兼并重组过程关键点

控制权转移的过程关键点见本书第一部分第 5 章《控制权转移》。

无偿划转的过程关键点见表 2-5-1 所示。

表 2-5-1　　　　无偿划转过程关键点

序号	过程关键点	备注
1	一级子公司内部决策材料	内部决策文件
2	经济行为批复	
3	审计报告及复核	—
4	职工民主程序	—
5	无偿划转协议	—
6	工商变更材料	—
7	国资委国有产权登记系统完成变更（如果有）	—

6　淘汰退出

6.1　淘汰退出法规依据

淘汰退出的法规依据有《中华人民共和国公司法》（2013 年修订）、《关于开展特困企业专项治理方案》、《处置"僵尸企业"和开展特困企业专项治理工作完成标准》、《子公司清理退出管理办法》等。

6.2 淘汰退出程序

对于没有发展前景的僵尸企业和特困企业，主要通过清算注销（包括普通清算、强制清算、破产清算）、吸收合并（包括吸收合并、新设合并、子公司变为分公司）等方式实现关闭撤销、有序退出。

其中清算注销的程序见本书第一部分第3章"3.2 清算注销程序"，吸收合并见本书第一部分第4章"4.2 吸收合并程序"。

6.3 淘汰退出适用情形

适用于不符合集团公司战略定位，发展前景黯淡、产品不适应市场需要、产能及工艺落后、劳动生产率低下，且扭亏无望的僵尸、特困企业。

6.4 淘汰退出过程关键点

清算注销的程序见本书第一部分第3章"3.5 清算注销过程关键点"，吸收合并见本书第一部分第4章"4.5 吸收合并过程关键点"。

7 处僵治困工作督查需要的材料

集团公司对处僵治困工作进行督查需要的材料主要包括基本材料、专项材料和特殊事项说明材料，但不仅限于这些材料。

7.1 基本情况材料

（1）具体工作方案及集团公司批复文件。

（2）"处僵治困"专项工作推进过程中涉及的会议纪要、会议记录、工作情况报告等；

（3）年度企业财务决算报告，以及所涉及的相关会计资料。

（4）低效、无效资产处置情况资料。主要包括资产处置资产清单、内部决策审批、资产评估证明材料；资产处置涉及转让协议、产权交易所出具的转让鉴证书等；资产处理涉及会计处理资料；对于以转产再利用等方式处置的，提供利用情况详细说明，评估其盘活价值（不超过该资产原账面价值）。

（5）富余人员安置相关材料：主要包括富余人员安置方案、内部决策、审批材料；在岗人员花名册、工资发放表及社保缴纳记录；已安置人员名单、联系方式及各类安置方式证明材料；安置资金发放明细表及银行付款、划账个人账户流水单；资金补偿标准依据。

（6）恢复生产证明资料：如生产记录、工人出勤记录、机器使用记录、产品产量统计表、原材料及产成品出入库单及台账等。

（7）上年度国资委"处僵治困"专项财务抽查审计底稿及整改情况。

7.2 专项材料

（1）强化管理类

①企业制定的管理提升、成本费用压降等提质增效方案或措施、内部决策及审批材料；

②企业制定的提质量、增效益、降成本相关的管理制度；

③组织结构调整优化有关材料；

④措施取得成效的材料。

（2）债务重组类

①债务重组工作方案；

②债务重组工作方案内部决策审批文件、集团批复文件、各方股东同意重组的书面文件或文书；

③签订的具有法律效力的债务重组协议；

④工商变更相关证明材料；

⑤完成债务重组相关会计凭证。

（3）兼并重组类

①兼并重组工作方案；

②兼并重组方案内部决策审批文件、各方股东同意重组的书面文件或文书；

③外部债权人（银行等）重组事项同意函；

④转让股（产）权评估报告及备案表；

⑤具有法律效力的股（产）权转让协议/产权交易所出具的产权交易鉴证书；

⑥工商注销、变更相关证明材料。

（4）清理淘汰类

清理淘汰类的收验材料见本书第一部分第7章《压减工作验收标准》的相关内容。

7.3 特殊事项说明材料

（1）解决历史遗留事项

解决历史遗留问题主要涉及剥离企业办社会职能、"三供一业"移交、消化处理以前年度潜亏等材料。

①解决历史遗留问题工作方案或工作措施、内部决策、审批

材料、财务处理相关材料；

②解决历史遗留问题的相关政策依据；

③剥离企业办社会职能有关材料。

（2）处理资产损失事项

①资产损失情况说明，包括损失事项内容、损失原因、损失金额等材料；

②资产损失核销处理的相关内部决策、批复文件等；

③资产损失账务处理相关材料。

8 处僵治困工作相关模板

8.1 处僵治困企业关键节点跟踪模板

处僵治困关键节点跟踪模板详见表 2-8-1 至表 2-8-5。

表 2-8-1　处僵治困工关键节点跟踪表（强化管理类）

序列	强化管理类跟踪清单 （以 BGTG 为例）	计划节点	完成情况	备注
（一）	处僵治困总体方案推进			
1	处僵治困方案确定			
2	经济行为获批			
3	成立宝武特冶			
4	制定并推进 BWTY 组建百日计划、运营改善百日计划			
5	完成民主程序			

续表

序列	强化管理类跟踪清单（以 BGTG 为例）	计划节点	完成情况	备注
6	BWTY 独立运营			
（二）	利润总额指标			
1	热轧产线调整			
2	子公司利润分配			
3	费用支撑			
4	BGTG 专项会计政策			
（三）	资产负债率指标			
1	BTCC 减资			
2	集团公司增资			

表 2-8-2　处僵治困工关键节点跟踪表（强化管理类）

序号	强化管理类跟踪清单（以 WHNC 为例）	计划节点	完成情况	备注
1	处僵治困方案确定			
2	处僵治困方案获得批复			
3	WGYX 未结算款项挂账并回款×亿元，减少负债×亿元			
4	炉料资产减值划转，增加权益×万元			
5	与 WGJT 签订×万元的债转股协议			
6	磁材产线变现，还款减少负债×万元			
7	应付职工年薪下降×万元（减少冗余人员）			
8	实现利润×亿元			
9	降低两金占用×亿元			

表2-8-3　处僵治困工关键节点跟踪表（债务重组类）

序号	债务重组类（债转股）跟踪清单（以BGMGS为例）	计划节点	完成情况	备注
1	处僵治困方案确定			
2	经济行为获批			
3	净资产审计、审计复核、评估、评估备案			
4	签订债转股协议			
5	工商变更			

表2-8-4　处僵治困工关键节点跟踪表（债务重组类）

序号	债务重组类跟踪清单（以HNGT为例）	计划节点	完成情况	备注
1	处僵治困方案确定			
2	处僵治困方案获得批复			
3	海南联合资产管理公司审批完成			
4	恢复正常经营状态（目前处于吊销状态）			
5	净资产审计、审计复核、评估、评估备案			
6	签订债务重组协议			
7	工商变更			
8	转型地块规划概念方案设计及审批			

表2-8-5　处僵治困工关键节点跟踪表（清理淘汰类）

序号	清理淘汰（吸收合并）类跟踪清单（以ZGJT为例）	计划节点	完成情况	备注
1	处僵治困方案确定			
2	处僵治困方案获得批复			

续表

序号	清理淘汰（吸收合并）类跟踪清单（以 ZGJT 为例）	计划节点	完成情况	备注
3	钢构设备分公司工商注销			
4	铸锻板块资产审计、审计复核			
5	铸锻板块成建制划转至襄阳重工（签订资产无偿划协议）			
6	ZGJT 民主程序（职工代表大会对安置方案进行表决）			
7	成立 WGZY			
8	发布吸收合并公示公告			
9	吸收合并审计、审计复核、资产评估、评估备案			
10	签订吸收合并协议			
11	税务清查及注销			
12	工商注销			
13	工业服务板块资产评估、评估备案			
14	工业服务板块资产转让至武钢中冶工业技术服务公司			

8.2 处僵治困企业月度关键指标跟踪模板

在推进处僵治困工作的进程中，每月须对僵尸、特困企业进行状态跟踪，为了方便，采用数据与色标结合方式，模板见表2-8-6。

表 2-8-6　处僵治困企业月度关键指标跟踪表

序号	所属一级子公司	企业名称	属性	处置方式	××月总体状态判断	国资委重要验收标准				债务重组/兼并重组/淘汰退出
						利润（万元）		资产负债率（%）	劳动效率提升（人）	完成债务重组相关工作/完成股（产）权转让程序/工商注销
					达标×户 内控达标×户 未达标×户	确保减亏50%以上，绝大多数实现扭亏 ●：=50% ●：<50%		降至合理水平 ●：≤70% ●：70%~80% ●：>80%	完成冗余人员安置比例 ●：≥80% ●：<80%	●：完成 ●：未完成
						××基准年	××年累计	减亏幅度	××基准年	××年×月	计划	累计分流	完成率	色标

9　涉及相关的法律法规和集团管理文件清单

9.1　国家法律法规

处僵治困工作涉及的法律法规包括但不限于以下规定：

（1）《中华人民共和国公司法》（2013 年 12 月 28 日修订）；

（2）《中华人民共和国公司登记管理条例》（2016 年 2 月 6 日修订）；

（3）《中华人民共和国企业法人登记管理条例》（2016 年 2 月 6 日修订）；

（4）《上市公司国有股权监督管理办法》（国资委〔2018〕36 号令）。

9.2　政策文件

相关处僵治困政策文件在此不一一列举，读者可在网上查找。

9.3 中国宝武管理文件

处僵治困工作涉及的中国宝武管理文件包括但不限于以下规定：

（1）《子公司清理退出管理办法》；
（2）《资金运作管理办法》；
（3）《国有产权转让管理办法》；
（4）《非股权性资产转让管理办法》；
（5）《关于纳入公司"三重一大"管理的行政事项的通知》；
（6）《国有资产评估管理办法》；
（7）《产权变动净资产审计管理办法》；
（8）《增资交易管理办法》。

10　处僵治困工作典型案例

10.1　中国宝武处僵治困管理创新实践

10.1.1　处僵治困管理实践背景

（1）落实中央、国务院处僵治困决策部署的要求

党中央、国务院高度重视国有企业处置"僵尸企业"和开展特困企业专项治理工作。处僵治困是党中央适应、把握、引领经济新常态作出的重大战略部署，是推进供给侧结构性改革、落实"三去一降一补"五大任务的重要举措，是主动调整结构的

必由之路。中国宝武的处僵治困工作是落实党中央、国务院决策部署的要求，发挥央企带头作用，带头进一步深化国有企业改革。

（2）提高企业发展质量和效益的客观要求

按照国资委与中国宝武签订的处僵治困目标责任书的要求，截至2018年底，中国宝武共计需要完成37户僵尸及特困企业处置任务。2015年底，这37户僵尸及特困企业合计亏损120亿元，其中7户资产负债率大于100%，占比19%，这些僵尸特困企业大大抵冲了集团公司整体效益，影响集团公司发展的质量。

中国宝武处僵治困工作的推进，有利于提高管理效率，构建业务有进有退、企业优胜劣汰、板块专业化经营、管控精干高效的发展格局，不断提升发展质量和经营效率，也为下一步聚焦发展提供支撑。

10.1.2 处僵治困工作主要做法

（1）强化领导，专项推进

中国宝武将"僵尸企业"和特困企业专项治理工作视为堵住企业"出血点"、拓展未来生存发展空间的关键举措。中国宝武共计需要完成37户僵尸及特困企业处置任务。为了分解落实处僵治困工作任务，集团公司层面分别成立了处僵治困工作领导小组、工作小组，主要负责人担任领导组组长，亲自抓处僵治困工作，分管领导担任工作组组长，协调资源，有序推进。"治压办"、财务部作为具体责任部门牵头推进。各一级子公司也都建立了专项工作领导小组、工作小组，落实责任部门专项推进。

集团公司董事长多次召开会议部署、督导处僵治困专项工作，并对僵尸及特困企业逐一诊断，研究重点难点问题，对各户处僵治困方案逐一审定。特别是针对八一钢铁处僵治困工作，董事长亲自赴新疆召开专题会议，与各方一起群策群力，对八一钢铁后续治理提出明确要求。集团副总对分管板块内的僵尸及特困企业逐一研究，协调资源，帮助其解决重点难点问题。集团公司"治压办"、财务部作为牵头部门，积极加强与各级主管部门沟通协调、争取支持政策，同时密切跟踪各企业处僵治困工作开展情况，协调相关事宜，给予全方位的政策和工作指导。

（2）建章立制，明确责任

为加快推进和落实治僵脱困及压缩管理层级、减少法人户数专项工作，2017年3月29日，集团公司召开了治僵脱困及压减工作动员会议，全面部署了处僵治困工作。为贯彻国资委关于提质增效、瘦身健体、僵尸及特困企业专项治理及国企改革的相关精神，落实公司董事会关于高度关注整体亏损面较大、改变部分子公司长期亏损不利局面的要求，集团公司决定采取更强有力的措施，下发了《关于加强亏损子公司扭亏增盈工作的管理办法》，推动各子公司加大对亏损子公司扭亏增盈工作的管理力度，明确要求"剔除战略培育期子公司外，原则上所有子公司不得出现亏损"。

同时，将处僵治困工作纳入各子公司年度商业计划书范畴，并下发《子公司处僵脱困及压减工作绩效评价办法》，将亏损子公司扭亏增盈工作作为各大中心和各一级子公司年度绩效评价的重要内容，评价结果将作为核定各一级子公司工资总额和管理层薪酬的重要依据。未完成年度扭亏增盈工作目标的一级子公司，不得被评为优秀经营团队，主要领导人员年度绩效评价不得评优。

（3）实时督导，灵活推进

建立"分类管理""色标预警""一企一策""项目化管理"

等处僵治困管理方式,针对不同企业的不同情况,从处置难度、处置方式等多种维度开展分类管理;对处僵治困工作的重点指标使用"色标管理",建立预警机制,对红标、黄标企业和相关薄弱环节给予重点关注和支撑;对重点难点企业建立"一企一策"及项目化管理机制,推进、监控、督促各项措施,狠抓落实,通过对项目子项的色标管理,对核心问题与困难快速反应,及时关注并制定相应对策。与此同时,集团及各子公司"治压办"以双周报、工作微信群、子公司对口联络群、重点事项快报群等工作方式,反馈热点、重点信息,快速解决处僵治困工作中遇到的各项问题。

在集团公司层面的指导下,企业也根据情况灵活变通,避免"一条道走到黑"。在治理方式方面,37户僵尸及特困企业中有11户企业根据外部市场环境、内部管理要求,结合宝武联合后的整合融合化、"一企一策"的持续推进,适时地对原计划处置方式进行了调整,其中国资委挂牌督导僵尸企业3户,企业自行处置僵尸企业2户,国资委挂牌督导特困企业6户。在这11户中,结合法人压减工作和企业的实际情况,其中有8户调整为关闭撤销,并于2018年底前完成关闭撤销工作,不留后遗症。在灵活调整工作节奏方面,37户中有20户,因破产难、转让难、不稳定等影响,调整工作节奏,后经上下齐力,一一化解,最终都在2018年底前完成处僵治困任务。

(4) 三个结合,良性互动

一是将处僵治困工作与法人压减工作相结合。对8户僵尸企业和29户特困企业进行梳理,将5户僵尸企业和6户特困企业纳入压减范围,占僵尸、特困企业总数的30%。经过三年推进,于2018年底全部完成法人压减。二是将处僵治困与整合工作相结合。强化聚焦整合,规范同类型业务,加大同城、同业务整合，不断优化资源配置效率，优化产业布局，实现聚焦发展。如武钢集团实施同类业务聚焦整合，江北钢管厂兼并重组至汉阳钢厂，汉阳钢厂吸收合并至江北集团，灵乡铁矿重组至金山店铁矿，焦作矿整体划转入乌龙泉矿，武冶重工吸收合并至重工集团，烟宝钢管吸收合并至鲁宝钢管、实现烟台地区钢铁业务一体化运营等。通过聚焦整合，提高资源配置效率，降低僵尸企业、特困企业运营成本。三是将处僵治困与处置历史遗留问题相结合。如由公司领导指导武汉耐材与武钢有限历史结算问题，宝钢发展聚焦主业规划，剥离和退出历史形成的与规划发展不相关业务。四是将处僵治困工作与培养企业生产能力相结合。韶钢松山大力推进智慧制造，实现人员优化，提升生产效益；鲁宝钢管PQF产线2017年产能超过设计规模，2018年各项技术经济指标均创历史新高，独家开发SPT轧管工艺，实现PQF热轧机组重大技术突破，累计获得发明专利29项，独有新试产品比例达到20%。

（5）巩固成效，长效管理

一是夯实"处僵治困"成果，防止"返贫返困"。持续跟踪已经完成处僵治困的僵尸、特困企业经营情况，跟踪处置"僵尸企业"和制定特困企业专项治理月度监测表，督促子公司巩固成果，杜绝"返贫返困"。二是每年动态梳理，对符合僵尸特困企业认定标准的企业，明确处置、治理方案，积极稳妥开展处置与治理工作。三是做好投资管理，对新设法人须全面评估。自2018年起，中国宝武子公司新设法人，除了常规评估外，还要进行是否符合战略发展、管理层级、法人层级、是否存在同城同业的子公司等方面的评估。只有符合集团公司战略发展方向，业务规模或盈利预测达到预期要求（业务规模或利润总额要求）的才可同意新设。四是加强子公司债务管控。按照降杠杆、减负债的工作要求，通过法人压减、处僵治困、管理提升等优化资本结构；加大对高负债、高风险子企业的债务风险管控力度，改善经营管理，促进高负债子企业资产负债率回归合理水平。原资产负债率超80%的僵尸特困企业有8户，通过2018年治理，有7户资产负债率低于70%，另外1户也有望在2019年回归到合理水平。五是通过处僵治困专项工作，中国宝武建立了一系列常态化管理机制，做到环环相扣，动态管理。《法人管理规定》从制度上明确法人管理要求，明确存量法人黄牌、红牌警示管理；每年举办"扭亏增盈专项行动学习——突围行动特训营"帮助黄牌警示法人扭亏增盈。受到红牌退出警示的法人，纳入下一年度子公司年度压减计划；建立"法人基础信息管理系统"，动态反映法人经营状况，跟踪被黄牌、红牌警示企业的绩效改善情况。下发《关于加强亏损子公司扭亏增盈工作的管理办法》，强力推进减亏扭亏工作，明确未完成年度扭亏增盈工作目标的一级子公司，不得评为优秀经营团队，主要领导人员年度绩效评价不得评优。通过一系列措施，让所有法人明白一个道理："企业不消灭亏损，就消灭亏损企业。"

10.1.3 处僵治困工作的效益和效果

（1）顺利完成了处僵治困任务

中国宝武37户僵尸及特困企业主体完成国资委下达的三年"处僵治困"工作目标，具体如下：

①扭亏增盈成效显著。截至2018年底，全部37户企业累计实现盈利43.17亿元，较2015年、2016年、2017年分别增利163.2亿元、75.5亿元和77.6亿元。其中24户强化管理类企业累计实现盈利48.6亿元，较2015年、2016年、2017年分别增利143.2亿元、58.3亿元和63.6亿元，强化管理类企业全部完

成减亏目标，其中92%的强化管理类企业实现扭亏。

②彻底处置成果突出。截至2018年底，通过注销、股权转让等法人压减方式完成11户僵尸特困企业的处置任务，占僵尸及特困企业总数的30%。2016年，完成江北钢管厂的清算注销。2017年，完成灵乡铁矿、焦作矿、武冶重工、鄂州食品厂、江北集团精密带钢、烟宝钢管、佳域联强工贸的工商注销，以及宝菱重工的股权转让。2018年，完成汉阳钢厂、重工集团的工商注销。

③降杠杆效果明显。在债转股方案难以继续推进的情况下，集团公司对各僵尸特困企业的债务结构逐户进行了研究，分别制定了市场化债转股、内部债转股、股东增资等降杠杆方案，积极推进"两金"压控工作，加强应收款催讨，降低坏账风险与资金占用，优化负债结构，37户僵尸特困企业，除11户法人压减外、3户涉及债务重组的企业外，其余23户僵尸、特困企业资产负债率降低至70%以下（行业平均水平以下）。

④人员分流进展顺利。中国宝武以联合重组为契机，加强顶层设计，采用组织变革、业务优化与整合，结合智慧制造，一方面开展员工内部退养退出安置，一方面开展社会化业务转岗转型发展安置，始终坚持"员工转岗不下岗、转业不失业"的原则，把维护员工根本利益放在首位，切实处理好改革、发展与稳定的关系，确保企业和社会稳定。截至2018年底，37户僵尸特困企业全面完成人员分流安置任务，累计分流人员4.2万余人。人员分流工作的顺利开展，大大提升了人事效率，有力助推了企业瘦身健体和提质增效。

（2）建立一套法人管理的长效机制

①梳理存量，明确标准，警示管理。全面梳理集团内所有存量法人信息，建立"法人基础信息管理系统"，动态反映法人经

营状况。法人梳理输出图见图2-10-1。

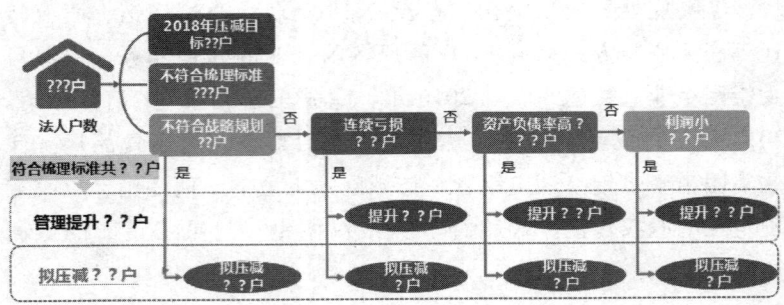

图2-10-1 法人梳理输出图

②管理增量，规范退出，有序进退。一是管理增量，新设法人需评估，做好投资管理。二是子公司清理退出实施分类管理。集团公司法人户数总量控制，有保有压，总量平衡。

③完善机制，动态梳理，长效管理。一是在集团公司层面成立了"治压办"，负责处僵治困等三项治压工作，并以财务、审计、法务、人力、维稳、战略规划、工会等专业人员组成专家小组，既为处僵治困等工作解决实际问题，又协同作战，提高效率。集团公司领导定期支持召开治压例会，协调压减中遇到的问题。二是动态梳理，动态管理法人。三是集团公司每月下发《扭亏增盈预警通知单》，提示亏损企业及一级子公司高度重视扭亏增盈工作。四是制定《法人管理规定》，从制度上明确法人管理要求，同时也明确了对各级单位管控要求，建立了处僵治困、法人压减、法人管理等长效机制，确保做好业务压减、业务保持和业务拓展的协调和平衡工作。

10.2 淘汰退出案例

ZGJT 淘汰退出

2016年，ZGJT及其下属子公司WYZG同时被列入国务院国资委特困企业治理重点督导单位，ZGJT处置方式为"强化管理"，WYZG处置方式为"破产重整"。WGJT对两家企业处僵治困工作方案进行系统设计，实施过程中WGJT各职能部门与ZGJT做到上下联动，充分发挥党组织的领导核心作用，充分依靠广大员工，全力推进处僵治困工作。2017年11月9日，WYZG完成了法人工商注销手续；2018年12月12日，ZGJT完成了法人工商注销手续，这标志着武钢ZGJT历时3年的处僵治困工作圆满完成。通过处僵治困工作，既有效盘活了国有资产，又妥善安置了企业员工。

10.2.1 处僵治困工作基本情况

ZGJT地处湖北省武汉市，成立于2009年9月，注册资本20771万元，为WGJT下属全资子公司。公司主要经营各种备品备件的修复制造和在线、离线设备的检测修复业务，拥有高炉冷却壁、冶金渣罐、炉底板、矿用牙轮钻头及轧机牌坊在线检测、起重机一体化服务等优势产品及服务。ZGJT前身为WGJXC，于1957年建厂。

WYZG成立于2008年1月，注册资本5000万元，由原武钢集团武汉冶金设备制造公司实施政策性破产后设立，2009年7月合并到ZGJT，是ZGJT全资子公司。其前身为1954年建厂的武冶机修。

由于历史债务、辞退福利、存货跌价计提、长期亏损等因素的影响,"资产负债率降至合理水平"指标没有完成。截至2018年3月末,ZGJT 账面资产总额 6 亿元,负债总额 11.01 亿元,净资产 -5.01 亿元,资产负债率 183%。

结合集团公司和 WGJT 的发展战略,考虑 ZGJT 及 WYZG 的历史沿革及现状,为充分盘活优质资产,充分保障员工利益,WGJT 制定了同类业务整合、历史包袱由公司承担的全盘托底总体方案。

10.2.2 开展的主要工作及进展情况

ZGJT 虽然初步实现扭亏,但职工对美好生活的向往和企业可持续创效能力的矛盾突出,盈利能力比较脆弱。资产负债率是一个企业长期经营的累积结果,如果仅靠 ZGJT 自身经营积累,2018 年无法使资产负债率降至合理水平。为确保处僵治困工作规范操作、稳步实施,2018 年治理方式变更为 WGJT 对 ZGJT 吸收合并,ZGJT 法人注销。

这一工作主要分三个步骤来完成:

第一步:铸锻业务板块成建制无偿划转 XYZC。

(1) 资产划转。铸锻板块的有效净资产以资产划转日审计值无偿划转 XYZC。2018 年 9 月完成划转工作。

(2) 人员划转。铸锻板块在岗职工 241 人成建制划转 XYZC,与 XYZC 签订劳动合同。

第二步:WGJT 对 ZGJT 吸收合并,ZGJT 法人注销。

(1) 净资产吸收合并。ZGJT 资产、负债由 WGJT 吸收合并,由第三方机构出具审计报告、评估报告,ZGJT 及 ZGJT 钢构分公司注销。2018 年 7 月完成 ZGJT 钢构分公司工商注销,2018 年 12 月 12 日完成 ZGJT 工商注销。

(2) 人员划转。807 名不在岗人员及 3159 名离退休人员划转老干部与退居休人员管理中心管理；保留 WY 留守处，继续处理 WY 破产遗留问题，委托老干部与退休人员管理中心代管。

第三步：工业服务业务板块协议转让 WGZY。

（1）资产转让。工业服务业务板块按有效净资产协议转让工业技术服务公司。

（2）人员进入方式。527 名在岗人员通过市场化方式进入工业技术服务公司。

10.2.3 工作亮点和难点

ZGJT 与 WYZG 同为建厂 60 多年的老企业，都曾是原武钢员工人数最多的单位之一，工种多，人员复杂。有的员工两代人甚至三代人在同一个企业工作，对企业有着深厚的感情。对于这次改革，员工观念一时难以转变，对于企业法人注销一时难以接受。同时，WYZG 又经历过政策性破产的阵痛，员工的心理比较脆弱，对于未来充满了焦虑和不安。如何做好员工的思想工作，尤其是一人一事的思想工作是处僵治困工作的重点和难点。

（1）根据企业发展战略整体策划，系统设计方案

结合集团公司"一基五元"发展战略，WGJT 聚焦发展新城市服务、优化发展新工业服务业，制定了 ZGJT 处僵治困方案，该方案与工业技术服务公司整合同案进行，既满足国务院国资委处僵治困工作要求，又符合集团公司和 WGJT 的战略发展规划，员工利益得到了充分的保障。

（2）职能协调，上下联动，横向配合

WGJT 专门成立了 ZGJT 处僵治困联合工作领导小组，由公司总经理担任组长，制定总体工作实施方案，定期召开推进会，及时协调相关问题。WGJT 管理层重心下移，全面跟踪、协调、支撑总体工作方案实施，落实效果评估。强化政策把控，确保

"政出一口"。

(3) 将员工摆进组织，确保员工"进组织、明方向、有岗位、知冷暖"

将员工摆进经营组织，分层组织专题研修，明确员工在工业技术服务公司的对应岗位和待遇，提升员工对工业技术服务公司的认知认同，给职工吃下"定心丸"；将党员摆进政治组织，ZGJT与工业技术服务公司联合开展"同一个组织、同一个企业、同一个目标"党委共建走进支部活动，加强党性教育，提高思想认识，强化纪律规矩意识，严守各项纪律要求，带头支持参与改革。

10.2.4 工作体会

(1) 要切实加强基层党组织建设，提升组织力

党支部是党的基层组织，是党的战斗力的基础。改革发展成功与否是检验党支部战斗堡垒作用发挥好坏的试金石。从ZGJT处僵治困工作来看，党组织作用发挥好的单位，队伍就稳定，员工更容易接受改革；党组织作用发挥不好的单位，员工就难以接受新生事物，不愿意去变革。要切实加强"三基"建设，推动企业改革发展。

(2) 要充分依靠员工，深入细致地做好思想政治工作

企业改革要充分相信员工，也要充分依靠员工，这就需要在宣传改革政策时一定要深、细、透。要让广大基层员工清楚理解企业的重大改革、重点工作，最终达到思想统一，要深入车间、班组、家庭，通过"一对一"沟通，有针对性地做好一人一事思想工作，把政策讲明，把工作做透。同时，也要加强对特殊困难群体的关心关爱，传递组织温暖。

(3) 要充分认识改革的复杂性，层层压实主体责任

当前各项改革任务艰巨，已进入深水区。面对重大改革任

务，要落实主体责任不偏离，一级组织的担子不能卸。WGJT 进一步强化了 ZGJT 的主体责任，切实将责任扛起来，有效发挥了中层骨干和党员职工代表作用，最终成功完成了职代会民主程序，员工 100% 得到妥善安置。

ZGJT 业务整体并入 WGZY 后，成为其下属的装备制造事业部。装备制造事业部将充分利用新公司平台，进一步提升体系能力，立足武钢有限的内部市场，优化商业模式，以总包模式固化业务，为 WGYX 提供快速响应技术服务及备件供应，不断提升自身核心竞争力，持续提高经营绩效。

10.3 兼并重组、强化管理案例

LBGG 兼并重组 YBGG 案例

按照国务院国资委的特困企业认定标准，LBGG 和 YBGG 被认定为国资委督导特困企业。2017 年推进了 LBGG 兼并重组 YBGG 的脱困路径，重组后的 LBGG 2018 年利润总额 4.38 亿元，充分体现了在国务院国资委的指导下，中央企业下属特困企业实现脱困或快速盈利是可行的。

10.3.1 YBGG 和 LBGG 的基本情况

YBGG 于 2007 年 6 月成立，注册地为山东省烟台市福山区，占地 114 万平方米，由 BGGF 与其下属全资子公司 LBGG 共同投资，股权结构为 BGGF 占 80%，LBGG 占 20%。注册资本为 40 亿元，主营钢管生产和销售。主要产线于 2008 年 5 月开工建设，2009 年 11 月一阶段工程建成投产，二阶段工程 2013 年 1 月投产。项目投产后，受钢管市场持续下滑影响，公司经营出现连年亏损，2013—2016 年累计亏损 23.24 亿元，资产负债率高达 75.2%。

LBGG 地处山东省烟台市，占地 87 万平方米，注册资本 25 亿元。为中国宝武下属 BGGF 全资子公司，主营无缝钢管生产和销售。LBGG 主要产品为石油套管、管线管、锅炉用管、机械结构用管，其中，PQF 产线走高端路线，技术参数先进，重点产品为高钢级抗硫套管、高抗挤压套管、13Cr 系列套管、管线管。

10.3.2 处僵治困工作措施及进展

按照国务院国资委对脱困路径的指引和中国宝武的指导，在 BGGF 策划和支持下，2017 年 LBGG 和 YBGG 制定并推进了脱困路径，实现了 LBGG 和 YBGG "二合一去特困"的显著效果。

（1）决策

2014 年 YBGG 至 2017 年 6 月累计亏损 30.6 亿元，资产负债率 76%，不仅要完成上级部门下达的脱困目标，更须从长远角度考虑 BGGF 钢管业务的发展和对核心市场的长久控制。考虑以下因素：

BGGF 将 YBGG 产线定位为"成为国内大口径能源用管行业领导者"，设计生产大口径套管，与公司 140 油井管配套，满足钢管用户的需求，关停 YBGG 对 BGGF 钢管产品的市场影响较大。

最大限度减少国有资产损失。2017 年初，国家供给侧改革措施取得成效，钢管市场价格渐渐回升，此时关停产线，势必将增加损失。

YBGG 产线产品竞争力逐渐增强。通过降低成本、改善产品质量和提升劳动效率，与主要竞争对手相比，YBGG 产品竞争力提升明显。盈利对比情况见表 2-10-1。

经 BGGF 管理层反复讨论，并经董事会决策，对 YBGG 策划、组织和实施专项整合，以促进 LBGG、YBGG 实现脱困并提升产品竞争力。经反复讨论后形成了两家特困企业的脱困方案：

表 2-10-1　YBGG 与主要竞争对手盈利对比表

序号	公司	单位	2014 年	2015 年	2016 年	说明
1	常宝钢管	亿元	3.15	2.47	1.1	盈利能力逐年下降
2	天津钢管	亿元	2.2	1.5	0.8	盈利能力逐年下降
3	衡阳钢管	亿元	-0.2	-6.2	-12.6	经营亏损逐年加大
4	YBGG	亿元	-4.96	-4.43	-3.52	经营亏损逐年减少

LBGG 兼并重组 YBGG，加快资源整合；实施债转股，降低财务费用；持续推进管理变革、成本削减、制造能力提升、开拓市场，提升产品竞争力。

（2）脱困方案的推进实施

LBGG 兼并重组 YBGG。按照国务院国资委"加大兼并重组、加快资源整合、优化资本结构、处置低效无效资产"的工作指引，在得到了当地政府相关部门的支持后，2017 年 10 月通过 BGGF 对 LBGG 增资（债转股）20 亿元，LBGG 收购 BGGF 持有 YBGG 股权，LBGG 吸收合并 YBGG 的方式将两家公司进行整合，实现统一采购、统一销售、统一管理，整合后的公司管理效率大幅度提升。

管理变革助推公司经营能力提升。按国务院国资委"提升管理水平、安置富余人员"的指引，持续推进管理变革。2015—2016 年开展第一次管理变革：LBGG、YBGG、LBGM 三家公司实行集中管理，二级部门由 21 个整合为 12 个，精简 43%；中层管理人员由 58 名优化为 23 名，精减 62%；全口径人数由 1832 减少至 1287 人，优化 545 人，劳动效率提升 30%。推进管理优化，强化专业协同，简化管理流程，管理重心下移，技术力量贴近现场，充实基层功能，提高运作效率。二级部门由 12 个精减为 8 个，精简 33%；中层管理人员由 23 名优化为 12

名,精减47%。2017年公司整合后,钢管条钢事业部对LBGG实行"过程管控,体系覆盖"的管控模式,强化对LBGG的管理支撑。营销、原料采购、专项技术、组织机构等实行直接管理,钢管条钢事业部职能业务部门直接管理和承担LBGG对应职能业务。人力资源管理、经营财务管理、制造管理、设备管理、工程管理、运营改善管理、科技研发管理实行延伸管理,对延伸管理的职能业务采用"统一策划,属地实施,对口支撑"的延伸覆盖管理模式。行政办公、党群工作、安全保卫、能源环保、产线管理,与当地政府关系维护及相关事务处理等实行属地管理。

提升制造能力,持续削减成本。2017年,在2016年成本削减1.58亿元基础上进一步削减成本0.6亿元,2018年成本削减0.44亿元,PQF各产线工序成本已领先同行业先进水平,ARE产线维持在较低成本水平。坚持技术创新,国内首发在线热处理技术的应用,第二代水淬设备投入使用,热处理技术领先,独家开发SPT轧管工艺,实现PQF热轧机组重大技术突破,累计获得发明专利29项,独有新试产品比例达到20%。

不断加大市场开拓。抓住能源行业钢管需求回暖契机,提升套管接单量,优化产品结构。随着国家能源政策的调整,"三大油"纷纷制定油气上产、稳产的方针路线,从而带来2018年油套管需求的相对集中爆发。在产销研全体系的共同努力下,LBGG作为大口径无缝钢管制造基地,较好地把握住了这一难得机遇,2018年实现内外销套管接单33万吨(PQF套管29万吨+ARE光管4万吨),增幅高达15%,极大改善了产品结构。三新市场开拓成效显著,非API套管国内高端用户供货比例倍增,确立与壳牌公司全球战略合作伙伴关系。2018年三新市场全年接单超24万吨,其中PQF产线22.5万吨,ARE产线1.5万吨。

累计完成高端用户认证48项，其中石油管18项、管线管24项，覆盖阿曼PDO、KOC、委内瑞拉石油公司PDVAS、马石油、壳牌、道达尔、意大利SAIPEM、PTTEP等国际知名企业。

10.3.3 工作亮点

（1）公司高度重视，脱困方案统一策划

YBGG和LBGG的脱困方案由BGGF公司财务总监直接牵头，通过现场调研、多次交流，形成了YBGG和LBGG的兼并重组方案，且方案得到了BGGF和中国宝武常务会的支持，为两家特困企业迅速脱困奠定了基础。

（2）脱困路径针对性强，切实有效

通过兼并重组，实现同类业务整合。YBGG和LBGG实现了统一管理、统一采购，统一销售，大大提升了整合的劳动效率，销管费用降低1000万元/年。

实施债务优化，减轻债务负担。YBGG整合前欠股东方的债务约32亿元；通过债转股20亿元，减轻了重组后新公司的债务负担，降低了财务费用1700万元/年。

夯实资产价值，处置低效无效资产。处置了YBGG低效无效资产约5.22亿元，夯实了资产的账面价值，整合后新公司年折旧额降低6100万元。

（3）成效显著

2017年两家公司合并经营利润较2015年大幅减亏3.67亿元，提前完成了国资委处僵治困的3年工作目标。2018年吸收合并完成后的新公司实现了盈利能力的快速提升，全年累计利润为4.38亿元，资产负债率降至38%，分流安置人员267人，全面实现国资委脱困任务要求。2015—2018年LBGG主要财务指标见表2-10-2。

表2-10-2　2015-2018年LBGG主要财务指标

项目	单位	2015年	2016年	2017年	2018年
资产总额	亿元	8.29	8.06	44.49	44.63
负债总额	亿元	1.65	2.36	20.86	17.09
净资产	亿元	6.64	5.7	23.63	27.53
资产负债率	%	20	29	47	38
利润总额	亿元	-1.5	-0.96	-0.27	4.38

10.3.4　认识和体会

总结LBGG和YBGG的脱困实践，有几点体会：

（1）国务院国资委对脱困路径的科学指引在处僵治困过程中发挥了重要的指导作用。

LBGG脱困方案充分学习运用国资委"兼并重组改造、债务重组脱困、强化管理提升"各种指引路径。

（2）各级地方政府的支持，是化解国有企业诸多困难的重要保障。

在公司整合过程中，得到烟台市政府、福山区、芝罘区政府、工商、税务机关的大力支持。

（3）发挥党组织的领导核心和政治核心作用是取得脱困成功的坚强保证。

中国宝武党委充分认识到，处僵治困是国家交给自己的重要政治任务。集团党委专题研究LBGG、YBGG脱困方案，在实践中各级党政领导领衔，充分发挥基层党组织战斗堡垒作用和共产党员先锋模范作用。

（4）体系协同是企业脱困重要助力。

中国宝武的指导，BGGF的全力推进、钢管条钢事业部的协同，在公司脱困方式实施过程中发挥了重要推动作用。

（5）加强企业管理、深化内部改革、内部成本下降、自身能力提升是国有企业转型升级的持续动力，是国有企业实现良性发展的基础。

公司围绕深化改革、能力提升、市场开拓，增强企业内生发展动力，与供给侧结构性改革形成良性的正反馈循环，有力地促进了企业的转型升级。

长期以来，特困企业是公司的"出血点"，推进特困企业的脱困是公司长期发展的重要举措，是国有资产保值增值的重要路径。通过特困企业扭亏的推进，对其他子公司降本增效措施的落实起到了极大的促进作用，提升了所有子公司的盈利能力。

10.4 强化管理案例

SGGT 强化管理案例

SGGT 为中国宝武钢铁集团有限公司的控股子公司，SGGT 前身是 SGGTC，成立于 1966 年 8 月，是有着 50 年历史的广东省最大的钢铁联合企业。2011 年 8 月 22 日，广东省国资委与宝钢集团签署重组协议，将 SG 51% 股权无偿划转至宝钢集团，GDHJ 持股 49%，SGGT 成为宝钢集团的控股子公司。由于管理成本高、市场下滑和历史负担重等原因，SGGT 2014 年亏损 13.8 亿元，2015 年亏损 25.1 亿元，经过 2014 年和 2015 年巨额亏损后，资产负债率高达 98%，净资产仅 3.55 亿元，资不抵债。

10.4.1 处僵治困工作措施及进展

面对危机重重、随时崩塌的 SGGT，中国宝武坚决不予放弃，在吸取重组前期整合的经验与教训基础上，重新对 SGGT 搭班子、定战略，全面启动为期两年的嵌入式支撑，全方位导入宝钢先进的管理体系和企业文化，并与SGGT深度融合，深入推进企业管理变革和转型升级，促进企业效率和能力提升。先进的管理理念与务实的班子作风迅速赢得了广大干部员工的信赖与支持，在极其艰难困苦的环境下，全体SGGT人积极应对挑战，主动担当，专注极致，对标争先，掀起了一场保卫家园、为生存而战的全民战争。企业面貌日新月异，企业效益明显好转。机遇总是眷恋有准备的人，短短两年，内部变革的丰硕红利，叠加国家供给侧结构性改革的市场红利，让SGGT快速走出低谷，企业效益和市场竞争力快速提升，成为特困企业通过管理变革、转型升级，实现扭亏脱困的经典案例。

（1）中国宝武嵌入式支撑

在SG生死存亡之际，中国宝武伸出了支撑之手，给SGGT提供委贷以及票据贴现、过桥贷款等金融支持，保障了SGGT资金链安全，避免了资金链断裂。中国宝武还选派了一批集团内优秀专家团队，从2015年初开始，以"嵌入式支撑、项目化管理"的方式支撑SGGT转型升级、降本增效和能力提升工作，涵盖了管理、技术、工艺和设备等专业，以及从采购、炼铁、炼钢、轧钢、产品研发和销售等全业务链的系统支撑，带来了中国宝武的先进管理理念、管理模式和管理工具等，为SGGT体系能力提升、产品转型升级和扭亏增盈发挥了重要的作用，铁成本竞争力持续改善，2015年周边第6，2017年、2018年进入周边前2名。通过支撑品种拓展，提升产品效益，高级冷镦钢从无到有，高端品种比例由0提高到18.33%，冷镦钢华南市场份额由2.5%扩大到18.7%，轴承钢全氧含量≤8ppm的比例稳定在97%以上，均值达到4.8ppm，控制能力步入国内一流水平。2018年产品结构进一步优化，全年工业线材产品销量48万吨，其中冷镦钢占比58.1%，易切削钢占比15.2%，弹簧钢占比

4.0%，重点产品比例由 2017 年的 57.6% 提高至 2018 年的 77.3%。2016 年，特钢产量 64 万吨，销量 60.5 万吨，对比年度预算减亏 3.1 亿元，2017 年实现扭亏为盈，2018 年盈利达 1.1 亿元。两年实施培训 228 个班，8793 人次，2173 学时，选派师资 123 人次，促进 SG 体系能力提升，大幅提升人事效率等，支撑成效显著。中国宝武内部的宝信软件、宝钢资源、宝钢工程、财务公司、OYYS 等兄弟单位也在危难时刻给予 SGGT 最大力度的支持，为 SGGT 克服困难、渡过危机赢得了宝贵的时间和空间。

（2）流程优化，机构精简，提高全员劳动效率

集团产销研体系诊断和优化支撑团队和 SGGT 有关业务部门共同组成项目团队，项目组在反复与 SGGT 各专业部门领导和公司领导的交流、协商和汇报中，不断完善产销研体系优化建议方案。该建议方案书包括了营销系统的 31 个核心业务流程和 5 个非核心业务流程、生产制造系统的 29 个业务流程和产品研发系统的 7 个产品研发核心业务流程。该方案中所有流程以市场和客户为导向，强调从市场和用户出发，以及满足市场和用户的全流程闭环管理。这些优化流程为 SGGT 经营管控系统的建设和产销研系统组织机构精简和人员优化提供了依据。

为了使机构精简和人员优化工作能顺利推进，SGGT 采取"自上而下"的改革模式，总部机关最先受到"冲击"。通过业务梳理和整合，职能部门和业务部门的机构改革相继展开。继监察部、审计部和法务部成为第一批被"动刀子"的部室，成立"三合一"的内控部后，设备部与资材备件部的合并以及营销体系的机构精简和人力资源优化也成功推进，其他部门和二级生产单元先后启动了 SGGT 史上规模空前的机构整合和人力资源优化工作。

三年来 SGGT 主业厂部机构从 30 个精简为 21 个，精简比例为 30%；厂部下设室（分厂、车间）从 165 个精简为 84 个，精简比例为 49.1%。公司职能部门、业务部门从 26 个精简为 18 个，精简比例为 30.8%；公司职能、业务部门下设室从 133 个精简为 74 个，精简比例达 44.4%；作业区从 171 个精简为 81 个，精简比例达 52.6%。

人员优化。通过政策牵引、紧密协同、渠道畅通，稳步推进劳动效率提升。至 2018 年 12 月，SGGT 人员优化 10063 人，人事效率提升 52%，人工降本累计 6.5 亿元；人均吨钢提升至 1026 吨。

（3）主动淘汰低效产能，提升产能利用率

针对公司产能不平衡、产能利用效率低、吨钢折旧高的问题，财务部组织精干力量，深入生产一线调研产线运行情况，摸清产线运行指标，收集大量的生产数据，协同制造管理部等部门，根据停产不同产线情况下的生产平衡，不同产品、不同产量、不同成本情况下的边际贡献影响，利用数据说话，经过反复论证测算，形成了停产部分闲置低效产线的方案供公司决策。最终公司先后拆除了 1#、3#高炉和 90t 电炉等闲置低效产线。在完成国家去产能任务的基础上，公司主动停产 4#混匀机，封存 4#烧结机，停产方坯连铸机（电炉），停产 2500 中厚板轧机、棒二等产线。同时，对存量产线技术攻关、强化管理，挖掘潜能，不仅铁钢材的产量没有下降，反而对比关停产线前产量大幅上升。烧结、炼铁、炼钢、连铸、轧钢产能利用率同比增长了 14.80%、10.07%、8.42%、23.74% 和 18.45%。铁日产水平由原来的 1.5 万吨/天，稳定提高至 1.75 万吨/天以上。2017 年铁钢材产量分别为 629.7 万吨、687.3 万吨、664.5 万吨，对比 2015 年分别上升了 105 万吨、166 万吨、163 万吨。2018 年剔除

"2·5""2·9"事故影响后，钢产量将突破700万吨，通过产线效率提升，年增创规模效益近7亿元。

(4) 对标争先，促进全员降本增效

SGGT多年来一直坚持以对标找差，促进降本增效，原来主要以财务指标与周边6家竞争对手平均水平进行对标，在标杆的选择、推进的广度与深度、对标结果应用等方面存在诸多弊端。2016年，重新调整了对标思路，以重点指标为牵引，按照"请进来、走出去"的思路，坚持对标三明钢厂等周边最优秀的钢企，努力寻找自身存在的不足与原因，进而通过管理、技术、工艺、设备和操作等方面的不断完善，有序推进各工序指标优化和系统降本增效。通过建立"三级三维"全员对标体系，按照厂部、分厂、作业区三级对标，每一级采用周边最优、行业标杆、历史最优三个维度进行对标，全员对标体系建立了927个指标，其中作业区257个，分厂341个，厂部329个，初步形成了"年目标、层分解、双周会、月跟踪"的对标制度体系。

财务系统充分发挥降本增效的组织策划，以年度预算编制为契机，将各工序成本以及分解因子与周边先进水平的对标结果作为参照，制定各单元的年度降本增效目标，再通过总经理与各单元领导商谈，敲定年度降本增效目标，形成"年度预算+降本增效"的预算目标体系和"年度预算+中期调整+月度滚动"的预算调整体系以及预算、执行、分析、评价、应用的预算执行体系，促进预算支撑战略目标的落地，牵引降本增效落到实处。

为促进全员对标意识，公司建立了以对标争先为核心内容的绩效管理体系，设定了927个专业指标来发挥专业部门"全面体检"作用，以体现行业的竞争力和"健康程度"，主要用于对团队认可、管理者成长评价；选取公司重点关注的160评价指标，对各二级单位管理团队工作成效进行评价；选取与公司经营绩效改善最密切和最需要着重解决的64个指标作为对团队的考核，与员工绩效工资直接挂钩。对标结果与二级单位管理团队评价和员工绩效考核紧密挂钩，发挥绩效指标牵引作用，鼓励优秀，提升能力。

通过深入开展对标找差工作，近两年公司关键指标明显改善，成本竞争力明显提升。2016年，炼铁、炼钢、轧钢三大工序成本削减取得显著成效，全流程工序成本削减10.4亿元，为实现全年扭亏为盈作出了突出贡献。2017年主要工序成本在2016年基础上再削减6.5亿元，2018年三、四季度削减2.2亿元，2017年主要技经指标对标三明差距缩小，优于三明的指标3项，较2016年进步的11项，退步的8项；较2015年进步的有15项，退步的有4项，日历作业率、铁钢比等指标与三明差距较2016年缩小，主要的差距在能耗指标方面。

10.4.2 主要成效

（1）利润创新高。2016—2018年公司持续盈利，2017年利润总额达到25亿元，2018年更是突破33亿元，基本弥补了以前年度亏损。

（2）资产负债率降至行业水平以下。2017年末资产负债率79.4%，较年初下降17.5个百分点；2018年通过增加经营利润、提质增效、提高资产效率、资本运作等方式继续降低负债率，资产负债率已降低至62.3%，远远低于行业70%的平均水平。

（3）优化人力资源配置成效显著。2017年，人均产钢达1000吨/年，已提前实现人均产钢超过1000吨的三年目标。三年安置3413人，完成目标的101.2%。

基于以上情况，2018年公司达到国资委下发的处置僵尸企业及特困企业治理的完成标准。

10.5 债务重组案例

BGGS 债转股案例

10.5.1 企业基本情况介绍

BGGS 始建于 1951 年 9 月，从建厂初期年产只有三万吨钢的小厂，发展成为现在新疆产能水平最高、产业链最长、产品结构最全的钢铁企业，为新疆的经济和社会发展作出了重要贡献，也成为中国宝武参与"一带一路"建设和维护新疆长治久安、维护边疆稳定的重要力量。

受钢铁行业产能严重过剩的影响，BGGS 近几年连续巨额亏损，2015 年度 BGGS 亏损 20.78 亿元，列入被国资委督导脱困的特困企业。

10.5.2 债务重组相关工作

为有效化解 BGGS 债务风险，恢复公司可持续经营能力，保障各方债权人的利益，必须采取市场化和法制化的原则推进 BGGS 债转股工作。债转股以 BGMGS 现有金融性债务为实施主体，中国宝武将其持有的债权全部转股，各金融债权人将其持有的债权按照 74% 的偿付比例转换为股权。增资扩股完成后，BGGS 注册资本增加至 267.12 亿元。

10.5.3 增资扩股工作的进展情况

12 月 4 日，BGGS 银行债权人委员会组织召开全体成员第 17 次会议，审议通过了 BGGS 增资扩股方案。

12月19日，自治区政府召开了BGGS增资扩股工作专题会议，协调相关事项。

12月20日，中国宝武同意BGGS增资扩股方案，并一实际承诺予以支持。中国宝武的承诺有力地保障了金融债权人的利益，增强了各方完成增资扩股工作的信心。

2019年1月8日，BGGS增资扩股暨市场化债转股合作框架协议在北京签署。

1月11日，BGGS召开了六届五次董事会，审议通过了《关于审议BGGS增资扩股的议案》。

下一步主要是办理工商登记变更等手续。

10.5.4 其他处僵治困措施

（1）人员分流情况

从BGGS可持续经营、重新打造新BGGS角度考虑，此次人力资源变革按照"精干主业、保留骨干、提升能力、有序分流"的思路开展。创新机制、激发活力，确保留下来从事钢铁事业的人干得来劲，更有激情；分流从事新业务的人干得安心，更有梦想。在有序分流方面，公司充分认识到自身所处新疆特定的社会环境和政治环境，履行企业社会政治责任；整合BGGS多年来培养的成熟产业工人技术和管理优势，为发挥员工专业特长、保护员工切身利益，公司在人员分流上坚持"转岗分流为主，内部退养为辅，适度开展协商解除劳动合同"。2015年末BGGS在岗人数14753人，累计安置分流人数5832人，累计分流安置率80.44%，主要途径为转岗分流和内退。

（2）坚定不移地实施"双轮驱动"的发展战略，充分利用现有资产为公司创造净现金流及营业利润。

（3）盘活土地、房屋资产，增加租赁收入。同时，采取统购统销方式，2018 年增加煤焦贸易收入 53.76 亿元，毛利增加 3.13 亿元，租赁收入增加 0.93 亿元，毛利增加 0.26 亿元。

（4）按照国资委的相关文件规定，加快实施和推进"三供一业"移交工作，实现公共服务市场化、专业化，最大限度地降低母公司的成本费用。

10.5.5 主要成效

2018 年 BGGS 利润总额为 5.4 亿元，按照 2015 年末亏损额 20.78 亿元减亏 50% 的目标来计算，达到验收标准。资产总额 219 亿元，负债总额 249.44 亿元，资产负债率 113.86%。通过这次增资扩股，BGMGS 资产负债率降为 31% 左右，达到处僵治困资产负债率相关验收标准。人员分流目标人数 7250 人，实际完成 5832 人，按照完成目标分流人数 80% 标准计算，达到验收标准。

BGGS 债转股工作凝聚了各方的心血和努力，具有金融创新支持实体经济发展的典型示范效应，为 BGGS 增强可持续发展能力奠定了基础。

10.6 兼并重组案例

BLZG 股权结构调整案例

公司始建于 1960 年，1993 年加入宝钢集团，1997 年成为宝钢集团全资子公司，2006 年合资组建 BLZG。股本结构没有改变前，股本结构为：BGGC 50%，PTJ 30%，MC 20%，注册资本 7300 万美元。

10.6.1　BLZG 基本情况

由于市场环境恶化、公司产品在非钢拓展和服务转型方面步伐不快、技术创新能力不足、负担重、固定费用高等原因，2015年公司利润为 -6458 万元，资产负债率 81.47%，被列入国资委挂牌督导的特困企业。

为了脱困，结合实际情况和未来发展，BLZG 从股权调整和经营改善两个维度推进相关工作。

10.6.2　股权调整方案及推进情况

（1）股权调整的背景、必要性及未来发展考虑

2016 年 6 月，在原宝钢集团高层与 PT、PTJ 高层磋商的基础上，通过前期总结 BLZG 合资 10 年来的成绩与不足。在 BLZG 董事会召开之际，BGGC 与 PTJ、MC 就合资合同到期（2017 年 12 月 31 日）后是否继续合作、股权结构如何调整，以及发展定位等问题开展了多轮不同形式的磋商，合资三方想法高度一致。

合资合作富有成效。尽管近年来受钢铁行业亏损及整个机械加工行业不景气影响，BLZG 出现了连续亏损，但合资以来 BLZG 在管理和技术能力上都有了明显提升，市场地位不断上升，影响力不断增强。BLZG 作为宝武钢铁主业生产经营和基本建设的重要合作伙伴，为确保主业生产稳定及成本降低作出了较大贡献；同时作为 PT 集团全球重要的加工基地，也是 PT 提升服务能力和影响力的重要基础。三方一致认为合资合同到期后，继续合作，合资公司延续。

有必要对 BLZG 的股权结构及体制机制作出相应的调整。PTJ 以增资方式增持合资公司股权，使得 PTJ 和 MC 的整体股权比例大于 50%，股权比例调整后，单一股东的股权比例均小于

50%，BGGC 和 PTJ 均不并表，合资公司作为独立的经营主体在董事会的领导下开展生产经营。

拓展非冶金市场、新产品开发迫在眉睫。通过股权调整，实现 BLZG 股权和管理权的优化，并充分发挥 PTJ 全球资源整合背景下的市场优势和管理优势，为 BLZG 在非冶金市场拓展、新产品开发等方面给予协助，进而促进 BLZG 健康发展。

（2）股权调整进程

基于合资方对股权调整必要性及未来发展考虑的一致想法，2016 年 6 月，BGGC 着手开展 BLZG 股权调整工作。

2016 年 6 月 29 日，BGGC 向集团公司提交《关于 BLZG 股权调整的请示》。

2016 年 8 月 3 日，集团下达《关于 BLZG 股权调整的批复》，同意 PTJ 公司单方向 BLZG 增资的股权调整方案。

2016 年 8 月 29 日，BGGC 第三届董事会第 2 次会议同意《关于 BLZG 股权调整的议案》。

2016 年 9 月 2 日，集团根据《资产评估机构选聘管理办法》的规定，选聘确定 BLZG 股权调整项目资产评估机构；2016 年 9 月 21 日，集团确定 BLZG 增资项目审计机构；2016 年 9 月底，审计和评估机构进入 BLZG，开展现场工作。

2016 年 12 月—2017 年 6 月，合资三方对审计、评估、增资协议、增资后公司合资合同、章程等内容进行多轮沟通和协商。

2017 年 7 月上中旬，BGGC 向中国宝武提交评估备案申请，报送《关于 BLZG 增资方案的请示》。

2017 年 7 月 22 日，BLZG 评估报告在中国宝武完成备案，2017 年 7 月 25 日，中国宝武下达《关于 BLZG 增资方案的批复》，同意 BLZG 以非公开协议方式增资。

2017 年 7 月 28 日，合资方签署增资协议及增资后公司章程，BLZG 2017 年 10 月 26 日办理完毕相关手续，获得增资后的工商营业执照，2017 年 10 月 27 日，完成外商投资企业变更备案，并于 2017 年 11 月 2 日收到 PTJ 增资款。2017 年 12 月，已在产权登记系统提交变更申请。

（3）股权调整后 BLZG 的管理

增资后股权比例为 BGGC 46.321%，PTJ 35.151%，MC 18.528%。考虑 PTJ 单方增资后，BGGC 股权下降至 50% 以下，要对 BLZG 的合资合同和公司章程中的董事会组成条款进行调整，对经营管理机构人员组成、董事会决议事项等重大事项的决策机制进行修订。财务并表方面，BGGC 将不对 BLZG 并表。

为充分发挥董事会在公司治理结构中的作用，在日方获得日常管理主导权的同时，保障 BGGC 的股东权益，按如下原则协商确定增资后合资合同和公司章程中的相关条款：

董事会组成：董事会成员人数由 6 名变更为 7 名，其中 BGGC 委派 3 名，PTJ 委派 3 名，MC 委派 1 名，董事长仍由 BGGC 委派。

经营管理机构：设总经理 1 名由 PTJ 公司推荐，经董事会研究决定后任命；副总经理 6 名，由 BGGC 提名 3 人，PTJ 公司、三菱商事 MC 各提名 1 人、共同提名 1 人，由董事会委任。另外，经董事会一致同意，可设 BGGC 或 PTJ 提名的常务副总经理 1 人。

董事会决议事项：除法律法规要求纳入一致决议的事项外，仍将涉及经营管理的重大关键事项如出资上设置担保、向第三方转让出资，以及注册资本中合营各方所占出资比例的变更、年度预算、资金计划、年度决算、利润分配及亏损处理、重大关联交易、对外投资等事项保留作为董事会一致决议事项，而将与日常管理相关的事项作为一般决议事项。

新增股权退出的相关条款：新增董事会僵局条款，当合资方对 BLZG 正常运营及存续有重大影响的事项如章程的修改或变更，合营公司的中止、解散；投资总额及注册资本的增加、减少；分立以及与其他企业或团体的合并等事项无法在董事会上达成一致决议时，合资各方秉持诚意友好协商，协商无果后，视为发生僵局。任何一方行使僵局权力，应在规定日期内将其转让自己持有的合营公司股权的意愿通知合营他方，收到通知的合营方有继续经营合营公司意愿的，应履行评估、股权转让等程序受让股权；收到通知的合营方没有继续经营合营公司的意愿的，应向董事会提议解散合营公司。解散条款中增加部分内容，当董事会无法作出合营公司解散的决议的，要求解散的合营方可以请求希望合营公司继续经营的合营方受让其持有的全部合营公司股份。

新增部分条款：约定经营层向董事会定期报告经营情况、合营公司召开董事会时，合营各方均有权提出提案等内容，以保障 BGGC 作为合营方了解合营公司经营情况的基本权益。

10.6.3　经营改善举措

公司面对冶金技改项目少、价格低的市场压力，制定扭亏行动方案，自 2013 年开始，一方面抓人力资源效率提升和费用成本降低，走低成本、高效制造之路；另一方面积极通过技术进步推进商业模式转型，大力拓展优质市场。

（1）机构精简和制造资源整合。近几年公司持续推进管理变革，精简机构，归并职能部门，压缩管理层级，组织机构压缩了 24.2%。同时，精简整合制造资源，关停部分亏损点。

（2）持续推进人力资源效率提升，精减冗员。通过技术创新、管理创新、效率提升、信息化手段减少了辅助、间接管理和业务人员。从业人员从 2013 年初的 2485 人降低到 2017 年底的

1349 人，净减员 1136 人，减员 46%。

（3）持续低成本、高效制造。部门费（人件费、租赁/折旧费、变动费）从 2013 年的 4.35 亿元降到 2017 年的 2.77 亿元，费用降低 36%。机加工平均吨工时消耗从 44.7 小时/吨，降低到目前的 29.8 小时/吨，加工效率提升 33%。

（4）加强应收账款和存货风险控制。"两金"总额从 2013 年的 11 亿元，降低到 2017 年末的 6 亿元。2017 年对上期末应收账款总额的清理率达 67.35%，其中 1 年以上应收账款总额的清理率达 70.52%。

（5）通过技术创新推进业务转型。坚持转型拓展，改变了公司原来主要依赖冶金设备制造的单一业务结构。截至 2017 年末，EP、修复再制造、非钢产业机械等新商业模式和新业务承接达 1.47 亿元。公司业务结构明显优化，其中，备件＋服务业务量已经占公司销售的 25%，非钢产业机械在高端医疗设备、轮胎橡胶机械、纸工机械、新能源核心部件等业务上与客户形成战略合作，形成稳定的业务规模，达公司销售额的 10%。

（6）市场结构优化，注重国际化经营。在优质服务中国宝武钢铁主业，并通过自身的专业化能力服务宝武基地技改项目的同时，加强国内市场拓展，深化与优质民营企业的合作，与西安普瑞森、甬金科技公司的合作关系得到稳固和加强。

深度拓展海外市场，积极开发 PT 业务，基本实现与 PT 集团的全面合作；非钢产业机械方面与国际领先企业合作。预计 2018 年海外业务占销售的 40% 以上。

（7）PTJ 单方增资，完成股权结构调整，从国有控股转变为非国有控股，外方占股比例达 53.679%。股权结构调整给予企业更大的经营自主权。外方的增资有利于提升 BLZG 的国际化经营视野。

股权结构调整后,通过一系列经营改善措施,BLZG 通过技术创新、高效管理实现低成本、高效制造,产品综合毛利率逐年上升,从 2013 年的 1.8%,上升到 2017 年的 10.9%,2017 年实现扭亏。

第3部分
参股瘦身

1　中国宝武参股瘦身工作介绍

1.1　参股瘦身工作背景

为深入贯彻落实党中央、国务院关于央企"瘦身健体、提质增效"的战略部署，根据中国宝武新一轮战略规划，结合参股公司的投资回报分析，对集团范围内参股公司进行全面梳理，并在此基础上进行专项瘦身。

通过推进参股公司专项瘦身，一是完成集团参股公司户数瘦身目标，为下一步聚焦发展提供支撑；二是进一步培育国有资本"退"的能力，通过聚焦战略、优化结构、整合资源，完善集团参股公司管理体系，为国有资本提质增效创造条件。

1.2 参股瘦身工作指导原则

紧密围绕中国宝武战略规划，以及"聚焦融合、创新发展"的管理主线，全面梳理集团范围内参股公司，进一步夯实管理基础，提高体系水平，发掘资产价值，培养资本退出能力。开展专项工作要遵循以下基本原则。

依法依规原则。依据法律法规和集团公司有关规定，规范操作，确保工作程序严谨规范、过程合法合规，防止国有资产流失。

价值最大化原则。按中国宝武确定的五类专项退出标准，合法合规地开展参股公司退出工作。一企一策，把握合适时机，择机退出，确保中国宝武整体价值最大化。

因企施策原则。参股公司来源多元，历史成因复杂，管理难度差异度大，需充分考虑企业实际，"一企一策"开展参股瘦身专项工作，必要时须厘清存在问题并进一步完善管理体系。参股瘦身专项工作着眼于"体系能力提升"与"参股公司退出"，相互促进。

1.3 参股公司定义

参股公司是指集团总部及各级子公司持有股权或财产份额，但未取得实际控制权的企业，称为参股公司。其中，参股集团内的控股子公司不属于参股公司；持有目的为交易获利的理财产品（例如股票、基金、信托计划）以及持股平台等投资对象不纳入参股公司统计范围。

1.4 参股瘦身方式

参股瘦身专项工作包括参股公司退出和体系能力提升两

大类。

参股公司退出：主要通过股权（股份）转让、清算注销（含强制清算、破产清算）、减资等方式实现参股公司直接瘦身。

体系能力提升：主要通过确权（对未确认股权进行股权确认）、整合（通过内部交易、划转、管理关系调整等多种举措，按"一基五元"战略对参股公司进行专业化聚焦、整合）、账实案存（因各种原因造成暂时无法退出的参股公司夯实账面价值、建立档案并归档）、上市（促进参股股权上市）等方式实现参股公司的基础管理夯实、资源优化配置，并逐步形成常态化的参股公司退出能力。

1.5 参股瘦身标准

根据中国宝武的战略规划，结合参股公司的现状分析，确定以下瘦身标准。

（1）不符合集团战略规划的参股公司。与中国宝武"一基五元"产业组合不相关，参股投资不符合中国宝武战略规划，不能体现中国宝武战略意志的参股公司。

（2）处于非正常经营状态的参股公司。要特别关注已处于停产、停业、停建、吊销以及被列入经营异常名录的参股公司，重点清理僵尸、特困参股企业，提高参股投资的流动性。

（3）长期并严重亏损（如连续三年亏损）且扭亏无望、长期不分红的参股公司。

（4）投资额度小（如参股投资额小于1000万元）、占股比例低、在投资企业内没有影响力的参股公司。

（5）被投资企业规模小、在行业内没有影响力的参股公司（例如连续三年平均营业收入小于5000万元）。

1.6 参股瘦身工作完成认定的口径

参股瘦身各种方式完成认定口径见表 3-1-1。

表 3-1-1　　参股瘦身各种方式完成认定口径

分类	方式	认定口径
参股公司退出	股权（股份）转让	完成工商变更或工商注销，且均在国资委国有产权登记系统完成注销
	清算注销（含强制清算、破产清算）	
	减资	
体系能力提升	确权	适用条件 1：对于尚未确权的参股股权完成名义股东变更，变为直接持有 适用条件 2：对于不能适用条件 1 的代持情况，明确了代持的法律关系
	整合	无偿划转、协议转让等：完成工商变更或完成工商注销，且均在国资委国有产权登记系统完成注销
	账实案存	1. 前提： （1）因客观条件无法退出（需提供书面依据） （2）非正常经营状态、无实际价值、后续风险基本可控 2. 流程：收集材料、内部决策、责任落实 3. 材料：清单见附件 1
	上市	股权转换为上市公司股票（不含新三板）

2　参股公司退出

2.1　股权（股份）转让

界定：中国宝武、子公司及延续分支将参股企业所持有的股权（股份）有偿转让给境内外法人、自然人或者其他组织，以达到参股退出的目的。

管理文件：主要涉及《子公司清理退出管理办法》《国有产权转让管理办法》等规定。

流程：一般程序（包括但不限于）为一级子公司内部决策、中国宝武审批、资产清查、净资产审计和复核、资产评估和评估结果备案、产权交易、工商变更和产权变更登记等。

（1）内部决策

子公司拟转让非上市公司参股股权（股份），事先应与该公司股东接触，表达拟转让股权的意向，并寻求控股股东的必要支持（审计和评估、工商变更等事项）。

按照中国宝武相关要求，完成一级子公司内部决策程序。

（2）中国宝武审批

根据中国宝武的要求完成审批流程。

（3）审计

委托集团审计部指定的会计师事务所实施净资产审计。审计结果须经中国宝武复核确认。

（4）评估

在净资产审计的基础上，委托资产评估机构进行资产评估，并办理评估报告的核准或备案手续。其中，由中国宝武批准的产权转让项目的评估报告由集团公司备案，由国资委批准的产权转让项目的评估报告转报国资委核准或备案。

涉及参股股权转让不宜单独进行专项审计的，经集团公司同意后可不进行，但应当取得转让标的企业最近一期年度审计报告，并实施资产评估。

（5）产权交易

根据产权交易有关规定，通过产权交易机构完成产权转让手续或非公开协议方式完成的产权转让手续。

（6）权证变更

交易完成后，转、受让双方应当按照国家有关规定及时办理相关产权变更登记手续及工商变更登记手续。

2.2 清算注销

分类：清算注销分为普通清算、强制清算和破产清算三种。不论采用哪种方式注销，都需要完成工商注销，才算参股公司退出。

管理文件：主要涉及《子公司清理退出管理办法》等规定。

普通清算注销：指通过股东会决议或股东决定（一人有限责任公司）解散公司，并在法定期限内成立清算组，按照《公司法》的规定履行完毕清算程序，注销公司。

强制清算注销：因其他股东无法联系或不配合，通过正常程序无法正常清算，申请法院强制清算，人民法院立案受理，进入强制清算程序，并由法院指定清算组。后续程序与普通清算注销相同。

破产清算注销：债务人（破产企业）或债权人提出申请；管辖法院为债务人（破产企业）所在地法院受理，并指定破产管理人。后续程序由破产管理人按照相关流程进行清算，并最终完成工商注销。

注意事项1：作为参股方，须跟踪关键节点，并积极配合大股东，完成注销工作。

注意事项2：普通清算注销过程关键点，详见表3-2-1。

表3-2-1　　普通清算注销过程关键点及注意事项

过程关键点	须重点关注事项	备注
1. 股东会作出解散决定	√	作出股东会决议
2. 成立清算组	√	解散决议中可包含成立清算组的内容
3. 清算组备案	—	向工商部门备案清算组成员
4. 通知债权人、公告	—	决议作出后立即登报公告，并在10日内通知已知债权人
5. 债权人申报债权	—	债权人可自收到通知起30日内，或登报公告之日起45日内申报债权
6. 清理资产、编制资产负债表和资产清单	√	清算工作中应充分利用45日的公告期，做好人员解聘、财产清理、分公司注销、债权债务清理、清缴税款、履行职工民主程序等
7. 清算组制定清算方案、报股东会确认，分配财产	√	
8. 制作清算报告、报股东会确认，并报送登记机关	√	
9. 人员解聘		
10. 注销公司	√	股东会确认清算报告后，立即申请注销

注意事项3：破产清算注销过程关键点，详见表3-2-2。

表 3-2-2　　　　破产清算注销过程关键点及注意事项

过程关键点	须重点关注事项	备注
1. 指定破产管理人	√	法院在作出受理破产申请裁定时，同时指定破产管理人
2. 通知、公告债权人	—	受理破产申请之日起 25 日内
3. 债权人申报债权	—	公告之日起三个月内
4. 召开债权人会议	—	债权申报期限届满 15 日内
5. 拟定破产财产变价方案	√	—
6. 清偿破产债权	—	—
7. 法院裁定管理人提交的破产分配方案、分配破产财产	√	—
8. 作出终结破产程序裁定	√	法院收到管理人请求 10 日内
9. 破产人办理注销登记	√	终结日起 30 日内，可申请简易注销登记

2.3　减资退出

界定：对于将集团公司的子公司参股企业的产权以非同比例减资方式全部退出的行为，视同为参股公司退出。

管理文件：主要涉及《子公司清理退出管理办法》《国有产权转让管理办法》等规定。

流程：一般程序（包括但不限于）为一级子公司内部决策、减资退出事项的审批、资产清查、净资产审计和复核、资产评估和评估结果备案、减资操作（以评估结果为基础确定减资金额、由被投资企业向子公司支付减资款或等值非现金资产）、工商变更和产权变更登记等。

2.4 上市公司股票出售

界定：纳入参股瘦身的上市公司股票出售主要是指原始法人股投资，参股公司上市后，现对股票进行卖出。卖出理财产品（例如股票、基金、信托计划）以及持股平台等投资对象，不纳入参股公司退出的范围。

管理文件：子公司出售参股上市公司股票须遵守国资有关规定外，还应遵守中国宝武《资金运作管理办法》《国有产权转让管理办法》等规定。

流程：上市公司股票出售一般程序为一级子公司内部决策、集团经济行为批复、股票出售、资金到账等。

注意事项1：子公司在出售参股上市公司股票的经济行为请示中，须包括出售的原因、股票名称、持有股数、投资成本、出售股数、出售底价、拟出售股票的时限等内容，并须明确出售底价的确定依据。底价确定可根据证券市场公开交易价格、可比公司股票交易价格、每股净资产值等因素合理定价。

注意事项2：长期未交易的证券账户，建议在出售股票前，与证券公司重新确定、协商佣金费率；并应与所在券商确认客户信息、资料是否完整、准确，并提前做好连通性测试，以确保交易的顺利进行。

注意事项3：根据《上市公司国有股权监督管理办法》有关规定，各方要严格遵守保密规定，违反保密规定的，依法依规追究相关人员责任。

注意事项4：上市公司股票是否出售，完全由各一级子公司根据自身实际情况自主决策，并履行相关决策流程，经集团公司批复后，择机出售。

2.5 无偿划转

界定：按"一基五元"战略对参股公司进行专业化聚焦、整合要求，重复参股公司股权（股份）在集团公司内部跨子公司进行无偿划转，并实际减少参股公司户数。

注意事项1：无偿划转（全资公司）一般程序为一级子公司内部决策、无偿划转转让事项的审批、双方签订无偿划转协议、无偿划转财务处理、工商变更和产权变更登记等。

注意事项2：无偿划转适用于双方均是国有独资或全资子公司之间进行划转。

3 参股公司退出验收标准

3.1 股权转让验收标准

股权转让工作验收标准如表3-3-1所示。

表3-3-1　　　　股权转让工作验收标准

序号	验收项目	备注	确认情况
1	一级子公司内部决策材料	内部决策文件	
2	中国宝武经济行为批复		
3	审计报告、审计复核文件	资产审计/评估文件	
4	评估报告、评估备案材料		
5	股权转让协议	产权交易文件	
6	交割单		
7	工商变更材料	—	

续表

序号	验收项目	备注	确认情况
8	国资委国有产权登记系统变更凭证（如果有）	—	

3.2 清算注销验收标准

清算注销工作验收标准如表 3-3-2、表 3-3-3、表 3-3-4 所示。

表 3-3-2　　　　清算注销工作验收标准

序号	验收项目	类型	确认情况
1	一级子公司内部决策材料	内部决策文件	
2	中国宝武经济行为批复材料		
3	清算报告及清算审计报告	—	
4	股东对清算报告或清算审计报告的确认材料	—	
5	工商注销凭证（准予注销登记通知书）	—	
6	国资委国有产权登记系统注销凭证（如果有）	—	

表 3-3-3　　　　强制清算工作验收标准

序号	验收项目	备注	确认情况
1	一级子公司内部决策材料	内部决策文件	
2	中国宝武经济行为批复材料		
3	法院立案受理通知书	—	
4	法院指定清算组决定书	—	
5	法院裁定终结强制清算材料	—	
6	工商注销凭证	—	
7	国资委国有产权登记系统注销凭证（如果有）	—	

表3-3-4　　　　破产清算工作验收标准

序号	验收项目	备注	确认情况
1	一级子公司内部决策材料	内部决策文件	
2	中国宝武经济行为批复材料		
3	破产申请书	—	
4	破产受理裁定	—	
5	法院指定管理人决定书	—	
6	法院认可破产财产分配方案裁定	—	
7	法院终结破产程序裁定	—	
8	工商注销凭证	—	
9	国资委国有产权登记系统注销凭证（如果有）	—	

3.3　减资退出验收标准

减资退出工作验收标准如表3-3-5所示。

表3-3-5　　　　减资退出工作验收标准

序号	验收项目	备注	确认情况
1	一级子公司内部决策材料	内部决策文件	
2	中国宝武经济行为批复		
3	减资退出股东会决议材料		
4	审计报告、审计复核文件	资产审计/评估文件	
5	评估报告、评估备案材料		
6	减资协议	—	
7	收到减资款的凭证	—	
8	工商变更材料	—	
9	国资委国有产权登记系统变更（如果有）	—	

3.4 上市公司股票出售验收标准

上市公司股票出售工作验收标准如表3-3-6所示。

表3-3-6　　上市公司股票出售工作验收标准

序号	验收项目	备注	确认情况
1	一级子公司内部决策材料	内部决策文件	
2	中国宝武经济行为批复		
3	出售股票凭证	—	
4	财务凭证	—	

3.5 无偿划转验收标准

重复参股公司无偿划转的验收标准如3-3-7所示。

表3-3-7　　中国宝武内部无偿划转工作验收要点

序号	验收项目	备注	确认情况
1	一级子公司内部决策材料	内部决策文件	
2	中国宝武经济行为批复		
3	审计报告及复核	—	
4	无偿划转协议	—	
5	工商变更材料	—	
6	国资委国有产权登记系统完成变更（如果有）	—	

4　体系能力提升

4.1　确权

界定：所有实际出资人和名义持有人不一致的情况，完成名义股东变更,变为直接持有,或明确了代持的法律关系。对于中国宝武内部各子公司之间,或仅需要履行相关变更程序的不作为确权工作对象。

方式:确权方式主要有三种,分别是工商变更、签订代持协议、司法判定。工商变更为名义持有人认可代持关系,实际出资人完成在工商管理机构的股东更名。签订代持协议为名义持有人认可代持关系,由于各种原因无法完成股东更名的,对于口头约定或原协议不够明确,须与名义持有人签订规范的代持协议。司法判定为名义持有人对代持关系有异议,通过司法途径主张确认实际出资人身份。判定代持关系成立,视作确权完成,具备条件的开展股东更名;判定代持关系不成立,但是双方的债权关系可以确认的,视作确权完成,若完成债权收回的,可视同完成参股退出。

注意事项:可以通过协商、司法两种途径进行确权,具体见表 3-4-1。

表 3-4-1　　通过协商途径或司法途径确权的比较

确权结果 \ 确权途径	协商途径	司法途径	备注
股权	双方协商一致,具备条件的开展股东更名,由于其他原因暂时不具备条件的,签订有效的代持协议	判定为股权,视作确权完成,具备条件的开展股东更名	—
债权	经协商,根据相关债权关系凭证,完成相关的财务处理,视作确权完成	判定为债权,完成相关的财务处理,视作确权完成	债权收回的,可视同参股公司退出

续表

确权途径 / 确权结果	协商途径	司法途径	备注
其他情形	一事一议	可视同确权工作完成，后续择机开展相关工作	—

4.2 账实案存

界定：开展账实案存的参股公司为权属清楚，处于非正常经营状态（如吊销营业执照、停业、停建等），无实际价值，后续风险基本可控，客观上暂时又无法退出的参股公司。

工作内容：账实案存主要的工作内容包括夯实账面价值、建立档案并存档、账实案存管理建议及决策等相关内容。

（1）夯实账面价值。根据参股公司的实际资产债务情况，按照相关的财务处置原则，夯实账面价值。

（2）建立档案并存档。在夯实账面价值的基础上，收集和整理相关资料凭证，厘清历史沿革，评估当前价值，提示潜在风险，建立档案并存档，以备后续的处理。

（3）账实案存管理建议及决策。各一级子公司基于对该参股公司开展的工作，应明确对该参股公司的后续管理建议，并履行相应内部决策程序。

档案编制要求：账实案存档案编制和资料凭证整理，应按以下分类和要求开展。

（1）参股公司的权属说明。相关资料凭证的收集和情况说明，包括：股东证明、公司章程、合资协议、出资证明、内部决策文件等；历来所有的工商变更信息。

（2）参股公司的经营现状说明。对参股公司处于非正常经营状态的情况说明，相关资料凭证的收集和情况说明包括：工商登记信息、其他证明材料等。

（3）参股公司价值和风险说明。参股公司主要资产、债务、财务和重大法务情况，如公司发生变化的权益变动和潜在风险。相关资料凭证的收集和情况说明，如历年经营和分红情况、参股公司财务报表、资产状况、潜在风险问题说明，长投减值准备依据等。

（4）宝武方股东的处置和管理安排。历史上的管理情况，如讨论、决策和实施的内部文件，派出董监事的情况、参股公司董事会、股东会的相关材料等；本次主要开展工作说明；无法深入开展退出工作的说明（大股东的情况及态度）。

（5）账实案存的决策材料。一级子公司决策材料，包括后续处置意见、责任部门、本档案定期更新的要求等内容。

4.3 上市

适用于所有计划上市的参股公司股权（不含新三板），同时也包含可以置换成其他上市公司股票的参股公司股权。

上市工作可根据实际情况按以下两种途径之一开展。

（1）参股公司上市重要节点：参股公司拟上市的股东告知；公司上市公告；相关股票、股份的实际持有凭证和相关账务处理。

（2）置换为关联上市公司股票重要节点：股权、股票置换相关协议；相关股票、股份的实际持有凭证和相关账务处理。

5 参股瘦身管理提升验收要点

5.1 确权验收要点

确权工作验收内容(符合其中之一即可)如表 3-5-1 所示。

表 3-5-1 确权工作验收要点(有其中之一即可)

方式	验收项目	备注	确认情况
工商变更	工商变更材料	—	
签订代持协议	与名义持有人签订规范的代持协议	—	
司法途径	法院裁定书(股权或债权)	—	
其他方式	—		

5.2 账实案存验收要点

账实案存工作验收内容如表 3-5-2 所示。

表 3-5-2 账实案存工作验收要点

序号	验收项目	备注	确认情况
1	权属说明材料	(1)公司章程、合资协议、出资证明、工商登记信息、法院判决、代持协议等 (2)历来所有工商变更信息	

续表

序号	验收项目	备注	确认情况
2	企业经营状态材料	（1）非正常经营材料（工商登记信息、税务信息、其他证明） （2）提减值准备财务凭证及相关的依据材料（参股公司财务报表、资产状况、重大法务情况等） （3）企业价值判定材料 （4）潜在风险情况评定（是否可控）	
4	宝武方股东的处置和管理安排	（1）历史上的管理情况（讨论、决策和实施的内部文件，派出董监事的情况、参股公司董事会、股东会的相关材料等） （2）本次主要开展工作说明 （3）无法深入开展退出工作的说明	
5	账实案存的决策材料	（1）一级子公司决策材料 （2）后续管理要求（责任部门、档案更新要求等）	

5.3 上市验收要点

参股公司上市工作验收内容如表 3-5-3 所示。

表 3-5-3　　参股公司上市工作验收要点

方式	验收项目	备注	确认情况
参股公司上市	相关股票、股份的实际持有凭证和相关账务处理	—	
置换为关联上市公司股票	股权/股票置换相关协议	—	
	相关股票、股份的实际持有凭证和相关账务处理	—	

6 参股瘦身工作问题清单

在参股瘦身工作推进过程中,对一级子公司反馈的问题进行梳理,将问题按适用程度分为共性问题和个性问题,形成问题清单如表3-6-1、表3-6-2所示。

6.1 共性问题清单

表3-6-1 参股瘦身工作过程中共性问题清单

序号	提出单位	问题描述	属性	相关意见
1	宝钢股份	有些投资小但有发展前景的参股企业,建议暂不要退出,如北京铁矿石交易中心	共性	符合参股瘦身标准的,原则上应退尽退;但若从战略等角度考虑,需要保留的,需提供详细的保留原因说明
2	武钢集团	参股股权退出的主要方式	共性	主要分两种:一是股权让渡(包括股权转让、减资退出、股权置换等);二是清算(包括强制清算、破产清算等)
3	武钢集团	处置境外参股企业要注意什么?中国宝武是否有有关这方面的管理文件?	共性	处置境外股权须遵循的文件:《国有产权转让管理办法》;处置境外参股股权首先须遵循当地法律法规,其中转让境外国有产权的,要多方比选意向受让方,具备条件的,应当公开征求意向受让方并竞价转让,或者进入产权交易机构挂牌交易

续表

序号	提出单位	问题描述	属性	相关意见
4	武钢集团	参股退出验收标准是否可放宽?	共性	股权让渡以完成工商变更、清算以完成工商注销,且均在国资委国有产权登记系统完成注销,这个标准不变
5	武钢集团	中国宝武与参股瘦身强相关的管理文件有哪些?	共性	主要有《国有产权转让管理办法》《资金运作管理办法》《子公司清理退出管理办法》
6	宝钢资源	退出参股公司认定验收标准	共性	股权让渡以完成工商变更、清算以完成工商注销,且均在国资委国有产权登记系统完成注销
7	一浦五	集团内多家参股同一企业退出指导原则	共性	符合参股瘦身标准的,应退尽退。多家参股同一家企业的,采取一致行动退出。有中国宝武参股的,由中国宝武业务中心牵头组织;没有中国宝武参股的,由管理层级高的一方牵头组织;管理层级相同的,由持股比例高的一方牵头组织,也可由各参股方协商确定牵头组织方
8	一浦五	参股集团内控股子公司可否作为瘦身任务;多家参股但中国宝武控股的参股公司可否作为瘦身任务?	共性	均属集团控股子公司管理范畴,不属于参股公司瘦身范围
9	一浦五	原始法人股投资,参股公司上市后,处理完股票是否算作完成瘦身任务?	共性	处理完股票,完成国资委国有产权登记系统注销,视为完成瘦身任务

续表

序号	提出单位	问题描述	属性	相关意见
10	一浦五	股票抛出是否集团还有其他要求？	共性	股票卖出，集团要求在《BWZ03063资金运作管理办法》中体现。需要在上报集团的经济行为请示中体现所抛售股票的"底价"
11	宝钢发展	集团内有托管关系的子公司的参股公司瘦身决策由谁来做？	共性	按托管协议的约定执行。协议未明确的，由双方协商确定
12	华宝投资	合伙企业是否纳入参股公司管理范围？	共性	按照参股公司定义，纳入参股公司管理
13	华宝投资	按行业协会要求持股的参股公司，是否纳入参股公司管理范围？	共性	按照参股公司定义，纳入参股公司管理
14	华宝投资	集团内不同子公司参股同一家企业，各方股权合并能否作为完成瘦身工作指标？	共性	鼓励各方对共同参股公司同步瘦身。减少参股户数的，可视为完成工作指标
15	宝钢资源	参股瘦身不能为退出而退出，有些企业退出还是很可惜的	共性	符合参股瘦身标准的，原则上应退尽退；但若从战略等角度考虑，需要保留的，须提供详细的保留原因说明

6.2 个性问题清单

表 3-6-2　　　　参股瘦身工作过程中个性问题清单

序号	提出单位	问题描述	属性	相关意见
1	宝钢股份	关于牵头退出"长江经济联合发展（集团）股份有限公司"注意事项[一浦五（0.15%）宝钢股份（0.11%）宝地置业（0.10%）宝钢发展（0.01%）]	个性	（1）宝钢股份牵头先与大股东、公司沟通，明确退出意向 （2）内部审批决策由各家自行完成，并各自向中国宝武上报经济行为请示 （3）宝钢股份牵头委托审计和评估机构，各自复核备案 （4）各自准备挂牌手续所需的相关资料，统一时间挂牌
2	韶关钢铁	子公司松山置业发展有限公司，是一家香港注册的公司，拟委托德勤开展相关审计、评估、清盘报税及注销工作。是否可以？	个性	（1）中国宝武对于审计和评估机构都是有管理要求的，评估机构要求选择集团评估机构库中的机构，或者选择库外机构但需要报集团财务部同意；对于委托第三方开展公司注销等工作没有管理要求，由韶钢自行委托即可 （2）审计和评估不能选同一家中介机构 （3）集团对境外的审计机构不做硬性要求，子公司根据自身需要选择合格的机构，但需要向集团审计部备案 （4）审计机构须出具一份中文版的审计报告，由子公司提交集团审计部复核

续表

序号	提出单位	问题描述	属性	相关意见
3	韶关钢铁	广东力士通机械股份有限公司、广东亿能电力设备股份有限公司由原韶钢建设公司出资投资,但为实现员工个人持股,韶关钢铁拟与员工签订债权协议,把股权变为债权	个性	不建议直接转为债权,建议与持股员工签订代持协议,明确股权,再考虑以何种方式实现参股瘦身的目标
4	八一钢铁	北京市东方叶扬纺织有限公司已停业,工商登记中载明的股东均无八钢公司,已全额计提投资减值。中国宝武对这类企业有何建议?	个性	建议先确权,后配合大股东再破产清算,如果不能工商注销,再看看是否符合"非正常状态、无价值、无后果",如果符合,可考虑账实案存
5	武钢集团	武钢集团和宝钢股份都参股了安徽徽商金属股份有限公司,宝钢股份能否牵头,把武钢集团持有股权整合到宝钢股份。[武钢集团(1.18%)宝钢钢贸(3.53%)]	个性	(1)这类企业也不符合宝钢股份的战略,宝钢股份牵头整合不符合中国宝武整合原则 (2)宝钢股份牵头,一致行动退出,武钢集团可与宝钢股份一并退出

7 参股瘦身工作相关模板

7.1 账实案存相关借鉴模板

账实案存主要借鉴模板包括:账实案存档案材料说明,详见本部分附件 1。

7.2　无偿划转相关借鉴模板

无偿划转及主要借鉴模板包括：无偿划转协议、无偿划转办理股东名册变更所需材料清单等，详见本部分附件 2、附件 3。

7.3　参股退出相关借鉴模板

参股退出牵涉产权变更的相关模板见本书第一部分，本章不作赘述。

8　涉及相关的法律法规和集团管理文件清单

8.1　国家法律法规

参股瘦身工作涉及的法律法规包括但不限于以下规定：
（1）《中华人民共和国公司法》（2013 年 12 月 28 日修订）；
（2）《中华人民共和国公司登记管理条例》（2016 年 2 月 6 日修订）；
（3）《中华人民共和国企业法人登记管理条例》（2016 年 2 月 6 日修订）；
（4）《上市公司国有股权监督管理办法》（国资委〔2018〕36 号令）。

8.2　中国宝武管理文件

参股瘦身工作涉及的中国宝武管理文件包括但不限于以下规定：

（1）《子公司清理退出管理办法》；
（2）《资金运作管理办法》；
（3）《国有产权转让管理办法》；
（4）《固定资产及长期投资计划统计管理办法》；
（5）《非股权性资产转让管理办法》；
（6）《关于纳入公司"三重一大"管理的行政事项的通知》；
（7）《国有资产评估管理办法》；
（8）《产权变动净资产审计管理办法》。

9 参股瘦身工作典型案例

9.1 中国宝武参股瘦身管理创新实践

9.1.1 参股瘦身管理实践背景

（1）落实中央、国务院瘦身健体提质增效的政策要求

为深入贯彻落实党中央、国务院关于央企"瘦身健体、提质增效"的战略部署，落实"国有企业瘦身健体，增强核心竞争力"工作要求，以推动供给侧结构性改革为导向，进一步深化国有企业改革，着力推动提高管理效率，构建业务有进有退、企业优胜劣汰、板块专业化经营、管控精干高效的发展格局，不断提升发展质量和经营效率，强化瘦身健体、提质增效。

（2）聚焦集团公司战略的发展要求

根据集团公司新一轮战略规划，结合参股公司的投资回报分析，对集团范围内参股公司进行全面梳理，并在此基础上进行专

项瘦身，通过聚焦战略、优化结构、整合资源，完善集团参股公司管理体系，为参股资本提质增效创造条件，也为下一步聚焦发展提供支撑。为打造若干个千亿级营收、百亿级利润的支柱产业，及一批百亿级营收、十亿级利润的优秀企业夯实基础。

（3）强化国有资本投资公司建设的内在要求

以国有资本投资公司试点为要求，逐步完善国有资本的"投、融、管、退"机制建设，补短板、强根基，重点加强国有资本退出能力建设，将"退"作为"进"的基础，将"退"作为参与资本竞争的关键一环，将参股瘦身工作作为培育退出能力的战场之一，逐步形成了一套适合钢铁行业和国有资本特点的退出机制和方法。

9.1.2 参股瘦身工作相关概念

这里指的参股公司是指集团总部及各级子公司持有股权或财产份额，但未取得实际控制权的集团公司以外的企业。但参股集团内控股子公司不属于此范畴；持有目的为交易获利的理财产品（例如，股票、基金、信托计划）以及持股平台等投资对象也不纳入参股公司统计范围。

参股瘦身专项工作包括参股公司退出和体系能力提升两大类。

参股公司退出：主要通过股权（股份）转让、清算注销（含强制清算、破产清算）、减资等方式实现参股公司直接瘦身。

体系能力提升：主要通过确权（对未确认股权进行股权确认）、整合（通过内部交易、划转、管理关系调整等多种举措，按集团公司"一基五元"战略对参股公司进行专业化聚焦、整合）、账实案存（因各种原因造成暂时无法退出的参股公司夯实账面价值、建立档案并归档）、上市（促进参股股权上市）等方式实现参股公司的基础管理夯实、资源优化配置，并逐步形成常态化的参股公司退出能力。

9.1.3 参股瘦身工作主要做法

（1）统一思想，实现源头驱动

①明确参股瘦身任务。一是坚定参股瘦身的决心。中国宝武董事长、总经理亲自督战，坚持"不讲客观，不讲理由，坚决完成任务"原则。二是通过专项研讨等方式统一认识，讨论工作方式、方法，做到上下同心。2018年1月24日，在集团公司范围召开参股瘦身专项工作研讨会，明确参股瘦身的必要性，统一大家的认识。2018年3月6—7日，在集团公司范围召开参股公司整合专项研修会，会议采用行动学习的方式，研讨重复参股企业的整合工作。另外，集团公司"治压办"牵头，多次进行不同层面的讨论，研讨参股瘦身工作，逐步形成了一套完成工作方式、方法。三是以集团公司行政发文，下发《中国宝武参股公司瘦身专项工作方案》，明确各一级子公司、各中心的具体参股瘦身目标任务。四是与组织和个人绩效挂钩，将参股瘦身目标纳入子公司年度商业计划书，并签订目标责任书。年底视子公司完成情况，有奖有罚、奖罚分明。

②明确参股瘦身标准。参股瘦身的公司主要包括如下几种：与集团公司"一基五元"产业组合不相关，参股投资不符合集团公司战略规划，不能体现集团公司战略意志的参股公司；处于非正常经营状态的参股公司；长期并严重亏损（例如连续三年亏损）且扭亏无望、长期不分红的参股公司；投资额度小（例如参股投资额小于1000万元）、占股比例低、在投资企业内没有影响力的参股公司；被投资企业规模小、在行业内没有影响力的参股公司（例如连续三年平均营业收入小于5000万元）。

③明确了参股瘦身原则。价值最大化原则：按集团公司确定的五类专项退出标准，合法合规地开展参股公司退出工作，确保集团公司整体价值最大化。体系完善原则：参股公司来源多元，历史成因复杂，管理难度差异大，厘清存在问题并进一步完善管理体系是做好专项工作的根本保证。专项工作着眼于"体系能力提升"与"参股公司退出"，相互促进。信息保密原则：信息保护是参股公司市场化退出过程的重要一环，尽量避免不恰当的信息发布对专项工作开展的负面影响，进一步做好参股公司退出全过程的保密工作。

（2）系统策划，实现良性互动

①全面排查，找出标的。一是在集团公司层面，借鉴法人压减成功经验，把参股瘦身工作纳入"治压办"工作范围，利用"治压办"形成灵活、协同、高效工作机制，推进参股瘦身工作。从法人压减、参股瘦身等工作推进情况来看，这种方式很有必要，特别是打"歼灭战""爬坡过坎"时效果明显。二是创新激励和约束机制实现源头驱动。将参股瘦身工作与各一级子公司和领导绩效挂钩，将参股瘦身目标纳入子公司年度商业计划书，并签订目标责任书，同时又将子公司完成情况与中心绩效也挂钩，年底视子公司完成情况，有奖有罚。这种奖惩设计，起到了源头驱动作用，较好激发了子公司内生动力，同时也较好驱动了各大中心服务子公司参股瘦身工作的内生动力。三是全面梳理参股存量企业，为参股瘦身明确了标的。对符合参股瘦身标准的232户存量参股企业——排查，根据应退尽退的原则，最终确定需要退出的有148户，提升能力的有45户，拟维持现状的有39户。参股企业的全面排查，有利于进一步明确参股瘦身标的企业，也有利于后续工作的有序开展。

②分类处置，一企一策。一是将参股瘦身专项工作分成参股

公司退出和体系能力提升两大类。参股公司退出是指主要通过股权（股份）转让、清算注销（含强制清算、破产清算）、减资等方式实现参股公司直接瘦身。体系能力提升是指主要通过确权（对未确认股权进行股权确认）、整合（通过内部交易、划转、管理关系调整等多种举措，按"一基五元"战略对参股公司进行专业化聚焦、整合）、账实案存（因各种原因造成暂时无法退出的参股公司夯实账面价值、建立档案并归档）、上市（促进参股股权上市）等方式实现参股公司的基础管理夯实、资源优化配置，并逐步形成常态化的参股公司退出能力。二是在全面排查的基础上，明确2018年、2019年的参股瘦身目标对象。全面梳理了参股公司后，明确了参股瘦身企业瘦身方式，并确定了完成时间节点，确定了2018年、2019年参股瘦身跟踪对象企业。二是全面梳理参股公司整合工作，有序推进参股整合。经过梳理，重复参股共有66户，经退出、整合、上市后，最终保留17户（其中，4户账实案存，实际正常运行参股公司13户）。2018年完成了上海宝鼎（8户）、上海电子材料（5户）、韶关市丹斯克（2户）等参股企业的集团公司内部整合，有序推进上海长江经济联合、北京中联钢电子商务等参股企业一致行动退出。

③三个结合，良性互动。一是将参股瘦身工作与战略规划相结合。对不符合中国宝武战略规划的74户参股企业，全部纳入瘦身瘦身范围。集团公司领导多次表示不符合战略的，坚决退出，这点在参股瘦身工作中也同样秉承。二是将参股瘦身与整合工作相结合。66户重复参股企业中，除一致行动退出外，2018年在集团公司内部已完成16户的整合工作。大力推进重复参股的整合优化资源配置效率，也提高了对参股公司的话语权。三是将参股瘦身与处置历史遗留问题相结合。有不少参股公司，存在历史遗留问题。四是将参股瘦身工作与培养"退"的能力相结

合。国有资本投资公司需要注重培养"退"的能力，在一年多的时间里，共退出 59 户参股企业，加快了"退"的能力培养。

（3）方法创新，实现协同高效

①主动服务，协同作战。一是服务上门。2018 年 4 月至 7 月，"治压办"牵头，财务部、法律事务部、审计部、各中心参与，全面走访各单位，对各单位的参股公司逐一分析，现场提供管理支撑和服务。二是建立对口联络人机制。考虑到参股瘦身的工作难度和需要及时解决一线问题，每个一级子公司都安排了对口联络人，及时协调、解决一线问题。三是每周召开"治压办"例会，讨论参股瘦身工作。治压例会由财务、审计、法务、战略规划等专业人员和"治压办"专职人员参加，例会及时解决参股瘦身实际问题，又协同作战，提高效率。四是用工作提示的方式，明确回答参股瘦身工作中遇到的共性问题。2018 年"治压办"一共下发了多期工作提示，对参股瘦身工作中遇到的共性问题进行明确，及时有效地为子公司提供了支撑。

②监督过程，严格把关。一是加强过程监督。前期每月跟踪工作进展，并以简报方式在集团公司内通报。对进度偏慢的一级子公司，下发工作提示，督促其加快进度。10 月后，双周跟踪进度偏慢一级子公司，并专题辅导，起到协助、督促作用。二是对参股瘦身各类方式进行了明确界定。如纳入参股瘦身的上市公司股票出售主要是指原始法人股投资，参股公司上市后，现对股票进行卖出。卖出理财产品（例如，股票、基金、信托计划）以及持股平台等投资对象，不纳入参股公司退出的范围；确权是指所有实际出资人和名义持有人不一致的情况，完成名义股东变更，变为直接持有，或明确了代持的法律关系。对于中国宝武内部各子公司之间，或仅需要履行相关变更程序的不作为确权工作对象；开展账实案存的参股公司为权属清楚，处于非正常经营状

态（如吊销营业执照、无法联系、停建等），无实际价值，后续风险基本可控，客观上暂时又无法退出的参股公司。三是明确参股瘦身各种方式完成认定口径，并严格按照认定口径统计完成情况（见表3-9-1）。

表3-9-1　　参股瘦身各种方式完成认定口径

分类	方式	认定口径
参股公司退出	股权（股份）转让	完成工商变更或工商注销，且均在国资委国有产权登记系统完成注销
	清算注销（含强制清算、破产清算）	
	减资	
体系能力提升	确权	适用条件1：对于尚未确权的参股股权完成名义股东变更，变为直接持有 适用条件2：对于不能适用条件1的代持情况，明确了代持的法律关系
	整合	无偿划转、协议转让、挂牌转让：以完成工商变更或完成工商注销，且均在国资委国有产权登记系统完成注销
	账实案存	1. 前提： （1）因客观条件无法退出（需提供书面依据） （2）非正常经营状态、无实际价值、后续风险基本可控 2. 流程：收集材料、内部决策、责任落实 3. 材料：清单见"治压办"工作提示4
	上市	股权转换为上市公司股票（不含新三板）

③行动学习，编制手册。首先，通过行动学习等方式来统一思想，讨论工作方式、方法。2018年1月24日、3月6—7日分别进行了两次行动学习。解决这类复杂问题，还是有必要通过行

动学习、专项研修等方式,让相关方坐到一起,通过应用一定方法和工具,面对面、多角度,相互承诺、相互激发,共同制定行动方案。其次,编制了3万多字的《中国宝武参股瘦身工作指导手册》(以下简称《手册》),《手册》在总结中国宝武开展参股瘦身工作实践的基础上,关注参股瘦身的工作方式,注重参股瘦身的流程节点、法律法规依据、共性问题和个性问题的参考,突出可操作性,为中国宝武各单位开展参股瘦身工作提供参考借鉴。

9.1.4 参股瘦身工作的效益和效果

(1)完成了2018年参股瘦身任务。中国宝武提出2018年完成参股瘦身60户的目标任务。将参股瘦身工作与战略发展、整合融合、处置历史遗留问题等紧密结合。宝钢资源、八一钢铁、韶关钢铁、宝钢发展等提高了管理效率,加速企业改制进度。2018年,中国宝武共完成参股公司确权8户,退出了参股公司59户,夯实了20户参股公司的账面价值,完善了档案,为日后退出做准备。

(2)形成了一套参股企业梳理标准。梳理标准包含符合集团战略情况、经营状态、分红情况、企业规模、占股比例及在行业的影响力等因素,这套梳理标准对大型国有企业的参股公司梳理有很强的借鉴价值(见图3-9-1)。

图3-9-1 参股瘦身工作梳理标准

（3）形成了一套参股企业梳理流程。根据符合条件的参股企业应退尽退原则和梳理标准，制定了一套梳理流程。梳理流程既能明确参股企业是否保留，对符合梳理标准但拟保留的，需要一级子公司提出明确保留理由，并经集团公司专业部门审议通过（见图3-9-2）。

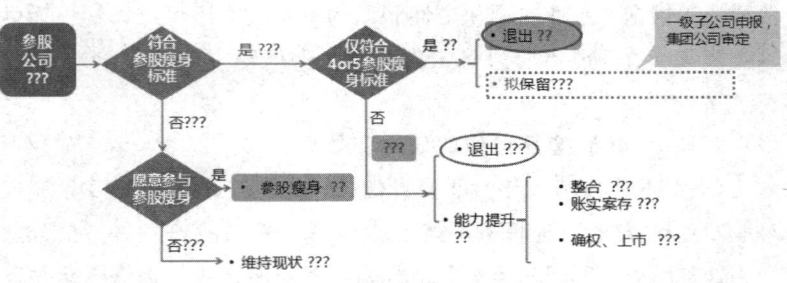

图3-9-2　参股瘦身梳理流程图

对纳入参股瘦身对象范围的参股公司，须明确采用何种方式退出，或者通过何种方式提升管理。提升管理的目的是为了日后择机退出。参股瘦身方式见图3-9-3。

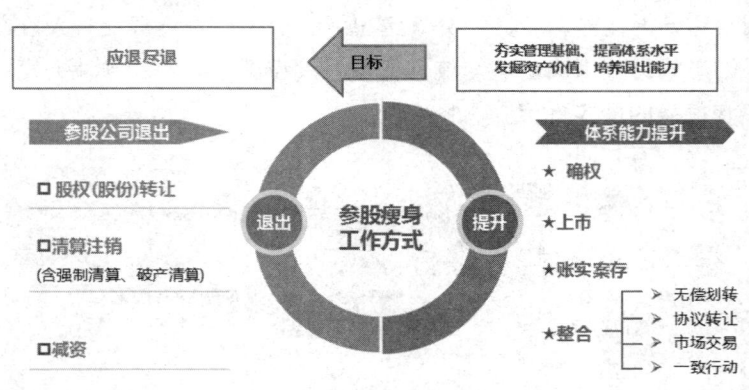

图3-9-3　参股瘦身工作方式

（4）总结了一本参股瘦身工作指导手册。编制了3万多字的《中国宝武参股瘦身工作指导手册》，该手册在总结中国宝武开展参股瘦身工作实践的基础上，介绍参股瘦身工作背景、指导原则、参股公司定义、瘦身的方式、参股瘦身标准和认定口径等；阐述了股票出售、股权（股份）转让、清算注销、减值退出等参股退出方式的一些关键点，明确了验收标准，对确权、账实案存、上市等体系能力提升方式逐一作了说明；列举了参股瘦身工作中的问题的参考建议；推荐了参股瘦身相关模板和典型案例。该手册突出可操作性，为中国宝武各单位开展参股瘦身工作提供参考借鉴，对央企参股瘦身工作也有很强的借鉴价值。

（5）提高了国有资本退出能力。以国有资本投资公司试点为要求，逐步完善国有资本的"投、融、管、退"机制建设，以混合所有制、投融资体制改革和运营机制优化为动力，补短板、强根基，重点加强国有资本退出能力建设，将"退"作为"进"的基础，将"退"作为参与资本竞争的关键一环，将参股瘦身作为培育退出能力的战场之一，逐步形成了一套适合钢铁行业和国有资本特点的参股公司"退"的机制和方法，如退出路径、合法合规的法律基础、适用条件和过程关键控制等。

9.2 参股瘦身工作 BGGF 案例

为深入贯彻落实国资委关于央企"瘦身健体、提质增效"工作的战略部署，提升公司的整体资产配置效率，根据中国宝武《关于下发中国宝武参股公司瘦身专项工作方案的通知》要求，BGGF组织各子公司对参股的资本效率和管理状态进行了全面的梳理，制定了2018年至2019年工作目标——参股瘦身户数不少于10户，其中，2018年7户，2019年3户。

9.2.1 参股公司瘦身工作组织体系和推进举措

（1）建立了专项工作的推进体系

BGGF非常重视参股瘦身专项工作，为此建立了专项工作的推进体系，明确由财务总监和助理负责，经营财务部和运营改善部牵头，确保瘦身工作的有序推进。

参股瘦身的公司也分别明确了负责该专项工作的领导和责任部门，确保瘦身工作的有序推进。

（2）制定了专项的推进措施

①任务分解。按照中国宝武要求的5个标准，要求各子公司对每家参股公司进行评估，逐步明确瘦身参股公司的对象。

②推进举措。针对参股公司瘦身存在许多的困难，除建立BGGF的推进机制外，采取以下具体措施：

提前启动：对于2018年完成瘦身的目标公司，尽早确定退出路线，按节点跟踪检查完成进度；对2019年完成瘦身的目标公司，提前在2018年完成瘦身方案的确定和公司审批程序，推进审计和评估等相关工作，力争在2018年度满足挂牌转让的条件。

一企一表：总结2017年子公司压减工作的经验，对瘦身的参股公司采用一企一表的方式进行推进，明确责任和加强协作。

定期推进：BGGF领导高度重视参股瘦身工作，定期召开专项推进会议（两月一次），采用双周简报和定期推进会相结合的方式，以色标管理的手段加强跟踪。

强化指导：充分借助中国宝武财务部和"治压办"的专业指导，对专项问题专题推进，协同解决工作困难。

外部沟通：加强与标的公司、意向受让公司及工商行政部门等的沟通，提前准备挂牌阶段、交易阶段及工商变更阶段的相关材料，缩短办理流程的等待时间，并保证材料的完整与准确。

9.2.2 参股公司瘦身工作主要难点及体会

参股公司的退出不同于以往体系内子公司压减或股权转让的相对可控，一企一表的跟踪落实机制需要不断完善，包括明确时间节点、资料收集、工作内容、推进流程、落实责任等，才可以掌握参股公司退出的推进过程。

参股瘦身工作还需要参股公司及其大股东的配合，参股公司配合程度、大股东股权收购意愿、历史遗留问题等都会影响到参股公司退出的完成时间节点，提前沟通、及时协调才能保证参股瘦身工作的顺利进行。

部分参股瘦身目标公司涉及法律诉讼程序，处理时间很难预计，可能会影响该公司注销进程。而对于 BGGF 提出的其他换股、退股、撤资等退出方式，合资方也表示很难操作。参股瘦身目标公司的选择须全面考虑、提前沟通，防止该类法律诉讼事项及合资方的态度造成瘦身工作推进缓慢。

9.2.3 下一步工作计划

BGGF 将按照参股瘦身工作推进目标及一企一表时间节点要求，持续重点推进参股公司瘦身专项工作，加强与相关合资方的沟通和联系，积极策划满足条件的参股公司的股权退出工作，确保按时超额完成中国宝武下达的 2018—2019 年参股瘦身 10 户的目标，挑战完成参股瘦身 12 户。

9.3 参股瘦身工作 BGGS 案例

参股瘦身是 BGGS 战略发展的需求，充分关注和及时把握瘦身机会，以资本的方式开展产业布局、支撑战略落地，通过调整参股公司股权投资布局，培育退出能力。参股瘦身是 BGGS 可持续发展的需要，主要任务是关注效率与成本的平衡，以投资回报为关键衡量标准，以提高资产效率为目的，强化股权经营管理能力、资源配置和管理效率，做好瘦身过程的提质增效，促进国有资产保值增值。

9.3.1 目标及进展情况

紧密围绕公司战略规划，以及"聚焦融合、创新发展"的管理主线，结合参股公司投资回报分析，重点聚焦五类专项退出标准，全面梳理参股公司，进一步夯实管理基础，提高体系水平，发掘资产价值，培养资本退出能力。

BGGS 参股公司瘦身专项总目标主要分为两项：第一项是 2018 年完成参股公司体系能力提升任务，2018 年上半年基本完成参股公司的整合工作；第二项是利用两年时间（2018—2019 年）分阶段实现参股公司退出目标。两项任务目标互为补充，实行年度分解和累计统计。2018 年末累计完成 7 户，2019 年末累计完成 11 户。

9.3.2 主要措施及成果

（1）统筹策划、动态调整。核查长投计划落实情况，跟踪投资企业经营状态、行业趋势；寻找合适机会，找到退出点；培养退出机会的把握能力，实现有序退出，实现有价值退出。进一步聚焦主业、提质增效，结合各单位实际情况，制定专项瘦身工作推进计划。

（2）动态调整、先易后难、分步实施。分阶段进行参股公司再梳理、再辨识，将现有产业业态与集团"一基五元"对应起来，与城市、发展、经济、环保等结合起来，关注高负债参股公司和长期亏损企业。根据实际情况，在保证目标完成的前提下，先易后难，调整纳入瘦身计划的公司名单和时间进度。

（3）瞄准目标、择机退出、稳步推进。逐户开展桌面模拟，一企一策，紧盯关键节点和完成时点，以"一企一表"为尺度进行"三色"脱期预警。采取"盯、管、跟"等手段，推进"天天推进展""周周查节点"的零通报制度。

（4）建立专项工作体系。各责任单位除了在工作组内配置综合、设备、财务等人员外，还可充分动用职能部门的资源，以"四个明确"为主线，以"四清"为原则，稳妥有序推进，对系统性、专业性的综合问题，集专业人员之力，专题研究。

（5）制定参股公司瘦身评价体系。参股公司瘦身目标和计划纳入商业计划书管理。参股公司瘦身工作纳入领导人员绩效评价。推进参股瘦身专项工作的同时，同步梳理了参股公司董监事信息、控参股企业员工个人持股信息等。

（6）总结典型案例和建立参股公司档案。总结具有典型性和较强代表性的案例，以便压减和参股工作的相互借鉴和知识传承。典型案例重在体现具体操作流程和过程管理，突出操作性，提高可借鉴性。

9.3.3　主要不足及体会

参股公司瘦身工作任务明确，但因为控制权不在 BGGS 而加大了工作难度，尤其涉及强制解散的公司，流程较长。

对员工个人持股的问题要慎重，要注意规避管理和经营风险。

参股公司中已完成税务注销、工商吊销的企业，涉及国家部委的，需要加强沟通和交流，积极推进并寻找新的方案以解决问题。

注重决策文件、减值准备材料、出资证明书等关键材料的保留。

涉及境外公司的工作不能放松，要继续清理，盯住当事人并寻求集团支撑和外部律师协助，通过法律手段解决问题。

对于出资不到位的，尤其民营企业出资不到位、股东履职不到位的参股企业，要列为风险关注事项，并择机将其纳入下一阶段压减重点。

9.3.4 下一阶段重点工作

继续推进压减和参股瘦身工作，跟踪、摸排维稳信息，人员安置进展信息。

对参股公司的管理，要落实责任，动态更新。制定参股公司档案资料管理办法，按一企一档的原则，完善参股公司清单和档案信息。

9.4 参股瘦身工作 BGGC 案例

BGGC 非常重视参股瘦身工作，根据中国宝武安排，全面梳理 BGGC 范围内参股公司，按照价值最大化原则，完善体系，夯实管理基础，提高体系水平，发掘资产价值，培养资本退出能力，组织开展参股公司瘦身工作。根据梳理统计，BGGC 共有参股公司 25 家，其中包括压减法人等形成的参股公司，制定了 2018 至 2019 年工作目标——参股瘦身户数不少于 5 户，其中，2018 年 3 户，2019 年 2 户。截至 2018 年 10 月底，完成 2 户。

9.4.1 主要工作

BGGC 经理办公会专门讨论参股公司瘦身工作，梳理参股公司情况，确定今明两年参股瘦身工作重点，提出工作要求：提高认识，认真履职，参股公司瘦身是 BGGC 提升财务质量、加强企业管理的重要工作，各部门应提高认识，严格履行职责，认真做好此项工作人。以一企一策为原则，制订行动路线图，对于此次参股瘦身涉及的重点公司，要明确责任人、责任领导、退出时间要求，制订具体行动计划和目标。企划部、财务部牵头，共同协作，有序推进，推进过程中，职能部门要及时掌握进展信息，加强指导。

BGGC 根据参股公司经营情况，确定参股公司瘦身工作重点，13 家公司作为重点跟踪单位，其中处于非正常经营状态、集团内重复参股等公司是今年重点处置对象。经过近半年努力，通过网上、工商登记查询等方式，初步了解非正常经营公司状况，相关股东、合资公司情况；根据一企一策原则，落实责任部门，制订行动路线图；到 9 月底，完成上海钢联工商注销及资料收集工作，完成北京八方冷弯型钢开发公司的确权工作，配合集团"治压办"及产业金融中心进行宝鼎股权整合工作；常州长江客车中国宝武的注销资料尚待收集，完成了中冶建泰国公司内部资料收集工作，后续还需要与合作方进行交流，并收集相关资料；江苏宝鹏公司股权退出工作也在有序开展。

9.4.2　主要措施

公司领导重视，BGGC 经理办公会对参股公司瘦身工作计划进行讨论，并由公司总经理亲自负责，推进参股公司瘦身工作。

组织管理方面的工作有：统一思想，提高认识，认真履职，公司在参股瘦身专题会上，相关单位及部门学习参股瘦身专项工作遵循的基本原则和要求，对列入重点计划的公司逐一讨论。明确责任人、责任领导，对每一家重点公司，明确具体负责领导和业务人员，对于涉及管理变化较大的公司，针对具体情况，明确责任单元,避免推诿扯皮现象。坚持一企一策原则,制订行动路线图。

具体业务方面的工作有:根据集团组织参股瘦身培训资料,细化各类资料来源,突出重点,提高工作效率。梳理了参股瘦身涉及的相关管理制度,依据管理制度,通过专业化管理,确定职责,保证职责清晰,避免专项工作与职能冲突。

有效沟通协调方面的工作有:通过定期与不定期会议等方式,及时沟通交流信息,制订调整工作计划及行动措施,相关职能部门共同努力,发挥各自优势,加快业务处理节奏,推进工作进展。

9.4.3 主要不足及体会

参股公司瘦身由于一些公司历史背景复杂,当时的国家政策与现行政策差距较大,工商登记资料不全;各地工商登记查询标准不一致,外地查阅政府(工商、法院等)资料困难重重;各公司档案资料由于历史悠久,缺乏统一规范规定,存在较大随意性,资料不全、不归档、档案遗失现象时常发生;参股公司瘦身工作政策性强,涉及法务、财务、税务、长期投资、股权转让、资产处置等众多业务及相关管理制度规定,难度很大;同时,此项工作消耗大量管理人员精力,又难以产生效益,如果没有领导大力支持,工作难以推进。

9.4.4 下一步打算

进一步梳理参股公司经营状况,提出 2019 年退出工作重点:根据 2018 年经营状况,提出参股公司业绩改善要求;对于具有股权退出可能的参股公司,如 JSBP 等,组建工作组,与大股东进行股权退出磋商,协同相关部门提供支撑;对 ZYJTG 这种特殊原因形成的参股公司,在摸清情况的基础上,寻求政策支持,实现股权退出。

9.5 参股瘦身工作 BGFZ 案例

根据中国宝武《关于下发中国宝武参股公司瘦身专项工作方案的通知》要求,BGFZ 利用两年时间(2018—2019 年)分阶段实现参股公司退出目标,其中,2018 年 4 户,2019 年 2 户。

9.5.1 进展情况及主要成效

(1)工作难点

参股的股票投资,由于股价波动,清理进度存在不确定性;

因参股股比较小等原因,较难得到标的公司支持,并按国有资产监管流程开展审计、评估工作。

拟参股瘦身的公司,除了股比较小外,大多还有经营不善、连续亏损等问题,难以找到意向受让人。

(2)亮点

对照中国宝武《关于开展中国宝武参股公司专项瘦身工作的通知》中的参股公司瘦身标准,在符合退出标准的 13 户参股公司范围中,全面启动了 11 户瘦身工作,从而确保中国宝武下达的参股公司退出目标能按时完成。

截至 2018 年 12 月中旬,已经完成参股瘦身 5 户,已超额超额完成 2018 年的任务。

9.5.2 主要措施

建立一企一表、一企一策制度,跟踪、落实参股公司瘦身专项工作进展。

通过新媒体工作平台,及时发布参股公司瘦身专项工作推进中存在的问题，及时上报集团"治压办"寻求专业支撑，快速沟通，协调处理。

适时召开参股公司瘦身专项工作讨论会，协调解决疑难问题，确保参股公司瘦身工作合法合规。

在手机钉钉群中每天发布工作推进简报，汇报项目进展情况，揭示项目推进过程中遇到的问题及下一步工作计划，确保按期完成工作目标。

9.5.3 主要不足及体会

2018年的参股瘦身工作，由于任务较重，方案逐一成熟、经内部审议流程后上报中国宝武时，已是7月，这给后续经济行为审批、审计、评估等工作造成了压力，对这一问题在今后的工作中要高度重视，早规划有关方案，确保当年参股瘦身目标能顺利完成。

2019年，要自我加压、进一步加大清理力度，对一些历史遗留的难清理的参股公司逐项研究，依法依规进行处置。

9.6 减资退出案例

CSJWMY 减资退出

CSJWMY 系 GYGS 参股30%的企业，从事木制品生产、销售。为贯彻国资委、中国宝武关于参股公司瘦身工作的要求，适应公司战略发展规划，GYGS 拟减资退出 CSJWMY。

9.6.1 本参股企业基本情况

2002年12月，GYGS 与 CSJWJT 联营成立 CSJWMY，联营期限至2018年6月30日到期，GYGS 联营初始投资额度为

205.16 万元，占 30% 股权。目前股权结构为：CSJWJT 持有 70% 股权，GYGS 持有 30% 股权，注册资本 684 万元。

GYGS 在 CSJWMY 派出董事、监事各一名，与 CSJWMY 无劳动合同关系，依法履行董监事职责，若 GYGS 减资退出，不涉及 CSJWMY 方人员安置问题。

截至 2017 年 12 月底，CSJWMY 总资产 3639.63 万元，净资产 1584.81 万元。

9.6.2 开展的主要工作

减资经济行为上报中国宝武批复后，委托中介机构开展净资产审计、评估工作，并以备案后的净资产评估值为依据设置减资款项，GYGS 通过单方减资方式退出 CSJWMY 30% 股权。

9.6.3 工作难点和亮点

（1）难点：GYGS 与常熟江湾集团的联营 2018 年 6 月 30 日到期，而减资经济行为报文在 3 月中旬才上报中国宝武，如何在有限的时间内，按国有资产的监管流程规范退出 CSJWMY，是摆在 BGFZ 及 GYGS 面前的难题。

（2）亮点：对关键节点进行论证，确保减资项目顺利完成。经过对我方退出路径的分析以及与对方股东的协商，合资双方逐渐在清理方式上达成了一致，认为 GYGS 单方减资退出 CSJWMY 费时较短、流程上更为便捷。同时，由于近年在区工商部门办理减资方式时遇到提交材料方面的问题，在清理方案策划阶段初期，就赴常熟工商部门，详细咨询了当地办理减资工商变更时需要提交的材料，在明确了最终工商变更节点、有关流程后，即减资方案定稿，启动经济行为报批流程，从而避免了清理工作到最后关头受阻甚至搁置。净资产审计、评估现场工作在较短时间完成。在经济行为尚在报批阶段，即着手净资产审计、评估的准备工作，并在两项工作启动后，安排净资产审计、评估机构同步进场，不但使审计、评估机构在数据上实现了共享，也使得审计、评估现场工作能在较短时间完成。减资协议签订后，及时收回减资款480万元。减资协议约定是30天内结算完毕，签订减资协议后，与对方股东及时沟通，协商付款日期，同时通过网银查账，及时掌握回款信息，通过以上跟踪，GYGS在1周内收回了全部减资款480万元。

9.6.4 工作体会

通过GYGS减资退出CSJWMY项目得出体会：一定要抓住关键节点，论证可行再具体实施，同时实施工程中也要注意及时跟踪。

9.7 无偿划转案例

通过无偿划转将BDTZ进行中国宝武内部整合

BDTZ共有股东200人（含法人、个人），总股本7244.9215万元。目前，BDTZ总股本仍为7244.9215万元，股东近200名，YXTZ为其第一大股东，持股比例27.66%。

9.7.1 参股公司基本情况

在中国宝武内部股权整合管理之前，共有中国宝武、BGGC、BGJZ、BGFZ、YGGS、WGGS、PGGS等7家单位合计持有85.23万股宝鼎投资股权，占比1.18%。

9.7.2 提出专业化整合

根据中国宝武对参股公司瘦身工作要求，产业金融中心牵头与宝鼎投资进行了沟通，希望能够转让中国宝武各单位持有的宝鼎投资股权，但宝鼎投资管理层认为直接对外转让有难度，主要沟通情况如下：

（1）短期内难以找到投资者。BDTZ 支持宝武转让所持有的股份，但 BDTZ 目前每股净资产已达 20 元/股，宝武合计持有的 85.23 万股股份账面净资产达到 1700 万元，估值比较高，当前股东没有购买意愿。中国宝武曾分别于 2012 年、2015 年两次通过挂牌方式转让 BDTZ 股权，但都没有投资者摘牌，外部投资者短期也难以找到。

（2）BDTZ 支持宝武对股权进行整合。中国宝武目前有 7 家持股单位，为便于日常跟踪管理以及后续股权转让，BDTZ 支持中国宝武对股权进行整合。

根据与 BDTZ 管理层的沟通情况，"治压办"、产业金融中心和相关单位对 BDTZ 股权的处理方式进行了讨论，为提升管理效率，便于日常与 BDTZ 加强对接和沟通，以及后续股权统一的转让或处置，各单位一致认为应将 BDTZ 股权进行管理整合，同时结合 BDTZ 业务性质，各单位一致同意将 BDTZ 股权整合至中国宝武，由产业金融中心对口进行管理。

9.7.3 整合工作推进

根据达成的一致意见，2018 年 8 月中旬，产业金融中心向 BGGC、BGJZ、BGFZ、YGGS、WGGS、PGGS 发出《关于征求整合 BDTZ 股权意见的联络函》，征求各单位对整合 BDTZ 股权的正式意见。

8月下旬至9月初，BGGC、BGJZ、BGFZ、YGGS、WGGS、PGGS分别向相关产业金融中心反馈内部决策意见，均同意将所持有的BDTZ股权无偿划转至中国宝武，并完成了内部决策程序。

根据各单位反馈意见，9月中旬，产业金融中心上报《关于整合上海BDTZ股权的请示》，获得中国宝武批复同意。

9月25日，中国宝武出具分别向BGGC、BGJZ、BGFZ、YGGS、WGGS、PGGS下发文件，同意将BDTZ股权无偿划转至中国宝武。

9月底，产业金融中心牵头分别与BGGC、BGJZ、BGFZ、YGGS、WGGS、PGGS签署《无偿划转协议》。

11月30日，办理无偿划转手续，BDTZ股权统一至中国宝武进行管理。

9.7.4 整合的意义

将BDTZ股权进行专业化整合管理，采取了无偿划转股权的整合方式，整合过程高效，基本没有整合成本，主要意义有：

（1）提升了BDTZ股权的管理效率。管理整合前，类似股东会或其他重大事项，中国宝武内部需要协调7家单位意见，如存在不同的意见还需要进行沟通和协调，管理效率较低；整合管理后，管理效率将会获得极大提升。

（2）提高了对BDTZ的专业化管理能力。BDTZ以私募股权投资、证券投资为主营业务，之前由各家分别进行管理，缺乏统一的管理能力和专业意见，划转至中国宝武后，由产业金融中心对口，对BDTZ的专业化管理能力得以加强。

（3）为BDTZ股权后续的处理或运作奠定了良好的基础。整合前BDTZ股权过于分散，各家股比又较低，不利于寻找潜在买家，不利于高效地实施股权转让工作，因此 2012 年、2015 年都未能成功转让；将股权进行集中化管理后，一方面绝对持股比例增加，增加对投资者的吸引力，另外决策流程将更加高效，这为 BDTZ 股权后续的转让或其他处理奠定了良好的基础。

9.8 账实案存案例

案例一：CDKY 账实案存

CDKY 权属清楚，处于非正常经营状态，其民营大股东成都 SLJF 也处于吊销状态，属于暂时无法退出的参股公司，符合账实案存的前提，BGFZ 决定对其进行账实案存管理。

9.8.1 参股企业基本情况

CDKY 成立于 1998 年 4 月 13 日，注册资本 6488 万元，2000 年 3 月 20 日改制为股份有限公司。经营范围包括：开采、加工、销售钙芒硝矿及其产品；销售化工产品、金属材料、建辅建材。

因 CDKY 连年亏损，累计欠银行、当地农民 3000 多万元集资款，实际控制人、法定代表人外逃，另拖欠部分职工工资，其相关资产已被当地双流县人民法院查封；CDKY 所有的机器设备已锈蚀报废，厂房已废弃，事实上也无开工生产的可能。

2018 年 6 月，成都市工商行政管理局以"公司成立后无正当理由超过 6 个月未开业的，或者开业后自行停业连续 6 个月以上"为由，吊销 CDKY 营业执照。

2018 年初，BGFZ 派员会同律师赴当地调研，相关人员外逃，大股东成都双流县经济开发总公司也处于吊销状态。短期无法继续推进退出。

9.8.2 股权与债权情况

（1）股权情况

该公司股权由 GAB 实际出资 515 万元（工商登记出资 1415 万元），GAGM 实际出资 1300 万元（工商登记出资 400 万元），两项合计 1815 万元。

2002 年 4 月，GZB 与 ZHKF 签订股权转让协议，将其在 CDKY 出资 515 万元所占股份全部转让给 ZHKF。

2006 年 3 月，根据《关于 CDKY 股权、债权问题的会议纪要》，综合开发应将出资 515 万元所占股份全部转让给 GAGM，并应将 GAB 在工商登记的股权变更为 GAGM，以保持财务出账与工商登记的一致性。同年 4 月，BGFZ 派员赴成都办理工商变更登记，当地工商部门回复不予受理。

2009 年 BGFZ 吸收合并 GAGM，成为 CDKY 实际股东。

（2）债权情况

GAGM 分别于 2000 年 5 月与 2000 年 9 月支付 CDKY 货款 335 万元、163.92 万元，两项合计 498.92 万元。后经诉讼，GAGM 与 CDKY 达成调解协议，CDKY 共应支付 GAGM 欠款、违约金、诉讼费共计 575 万元。

BZSY 于 2000 年 4 月支付 CDKY500 万元货款；ZHKF 下属 PLSY 于 2001 年 8 月支付 CDKY135 万元货款。后经诉讼，两家分别与 CDKY 达成调解协议，CDKY 共应分别支付 BZSY、PLSY 欠款、违约金、诉讼费共计 577 万元、149 万元。

上述调解协议达成后，CDKY 一直未予履行。2005 年 4 月，ZHKF 与 GAJM 经上海市二中院委托四川高院执行欠款，但无结果。2006年2月与2007年12月，BGFZ派员两次催讨欠款，仍无结果。

2009年BGFZ吸收合并GAJM；同年，BZSY关闭注销；同年，PLSY将债权转移给BGFZ，通过上述行为，BGFZ成为CD-KY实际债权人，享有债权1301万元。

9.8.3 账实案存工作进展情况

根据中国宝武"治压办"《关于细化参股公司账实案存工作的提示》要求，查阅CDKY有关档案，并按账实案存的要求，将搜集到的有关材料进行了扫描和整理。

2018年7月，BGFZ通过《关于CDKY账实案存的决议》，决议明确：根据账实案存的要求，建立档案并存档，以备后续的处理；后续择机通过法院途径解决清算关闭事项。

9.8.4 工作体会

针对一些权属清楚、处于非正常经营状态，确实存在客观原因暂时无法退出的参股公司，若推进清理，往往代价太高或最终还是无法清理，而账实案存并后续择机处置，不仅规避了潜在风险，也为后续择机处置做好了基础工作。账实案存这一参股公司的瘦身方式，是在工作实践中摸索出的一个行之有效的方法。

案例二：BJBF账实案存

BJBF权属清楚，处于非正常经营状态，大股东ZGGXLWFX也书面回复暂不考虑办理该公司注销等事项，暂时无法退出的本参股公司，符合账实案存的前提，BGGC决定对其进行账实案存。

9.8.5 本参股企业基本情况

1993年3月,17家单位签订BJBF合资合同,共同出资100万元形成注册资本,公司成立于1993年5月,其中GYS出资5万元,占比5%。公司经营范围:主营黑色金属(冷弯型钢)、技术开发、咨询、协作、配套、服务;兼营金属材料、建材、化工产品、五金交电、机械设备、机电产品等。

后来公司经营效果不理想,2001年3月21日公司在南京召开董事会,达成了共识:鉴于BJBF实际情况,资金大量被外欠占用,虽经努力,都因种种原因收不回来,又无其他资金来源,业务无法进行,很难支撑下去。为避免拖下去可能产生新的不必要的开支和损失,因此一致同意公司应立即停业解体清算。公司解体后,不再经营各种业务,董事会随之解体,不再承担任何责任。

9.8.6 开展的主要工作及进展情况

首先从资料收集开始,了解股东情况和公司基本情况,逐步开展相关工作。主要资料收集工作有:首先完成内部资料、工商资料查找,大股东处资料收集等工作;其次是管理提升工作,包括公司风险评估、后续管理责任落实等。

(1)大股东情况如下:ZGGXLWFX成立于1985年10月,是行业经济类社会组织。公司在2001年董事会上宣布公司解体后,后续协会人员对公司没有直接的管理责任。

(2)内部资料收集。重点是合资项目起因、公司内部决策过程、公司章程等相关材料,经过反复查找,基本查找到相关材料,掌握公司基本情况。

(3)工商资料查找。通过北京市企业信用信息网,查找

BJBF 信息；通过国家企业信用信息系统及第三方查询系统中各投资单位情况，验证公司信息。

（4）与大股东交流。与冷弯型钢协会取得联系，经过友好协商，得到协会信任，查到部分合资公司部分经营情况资料及董事会会议纪要，与 ZGGXLWFX 探讨公司注销等后续工作的可能性，协会的态度是维持现状，没有人力、物力、财力，也没有条件做后续工作，并书面回复。

（5）管理提升方面。探讨四种瘦身方式，退出公司，自行注销、单方提起债权人破产无法实现，单方起诉大股东、董事会不作为的纠纷，均有具体困难，难以实现退出。后续处置意见，鉴于 BJBF 公司股权资产在宝钢建筑，由宝钢建筑作为责任部门承担管理责任，负责档案定期更新工作等，定期与 ZGGXLWFX 联系，了解情况。

9.8.7 工作难点和亮点

（1）组织机构多次变化，熟悉情况人员缺乏。BJBF 成立 1993 年，当年出资方为 GYS，期间经历了三钢联合，先并入 BYJS，后又划归 BGGC，历史过程多次变更；同时合资公司 1998 年停止经营活动，2001 年吊销营业执照，由于没有进行正常经营，缺乏信息往来，更谈不上沟通交流，经办人员多数已经退休，开展确权与账实案存工作缺乏头绪，困难重重。

（2）股东中缺少实质性控股股东，董事会松散。合资公司由 17 家公司共同投资组建，其中最大股东投资 12 万元，占比 12%，前 3 家股东投资占比 32%，股东平均投资 5.88 万元，合资公司经营由 ZGGXLWFX 管理，董事会没有制订相关管理制度和评价方式。

合资公司董事会虽然是公司最高权力机构，缺少实质性管理，信息沟通不畅，参股股东对公司经营情况不清楚。

（3）政策上公司注销退出门槛高。公司注销退出需要分别去7个部门或机构社保局、税务局、工商局、开户行、质监局、公安机关、报纸媒体办理相应核查、账户注销；未经过工商年审、税务清算等还要进行处罚，合资公司长期不经营，难以承担上述费用。加上部分股东破产、失联等，正常清算退出几乎不可行。

（4）资料收集需要多次反复。由于对合资公司信息了解不多，资料查找过程往往需要多次反复，耐心细致，才能够获得需要的资料，收集完整。

9.8.8 工作体会

参股公司瘦身工作政策性强，涉及法务、财务、税务、长期投资、股权转让、资产处置等众多业务及相关管理制度规定，难度很大。针对一些权属清楚、处于非正常经营状态，确实存在客观原因暂时无法退出的参股公司账实案存并后续择机处置，是在工作实践中摸索出的一个行之有效的方法。

9.9 确权案例

BATL 确权

BATL 全长 67.05 公里，总投资 14.02 亿元，工程 2014 年 4 月 26 日开工建设，2016 年 6 月竣工。BATL 的建成不仅对拉动新疆阿勒泰地方经济具有重要作用，而且结束了阿勒泰市不通火车的历史。

9.9.1 基本情况

BATL 成立于 2013 年 8 月 19 日，注册资本 800 万元。BGGS 考虑到多年来阿勒泰地委行署在钢材销售、铁矿资源开发等方面对 BGGS 一直较为支持，与其建立了良好的关系。为将来继续得到地方政府对企业发展的支持，BGGS 以长期投资履行了报批程序，向 BATL 出资 500 万元，但 BATL 对 BGGS 的出资未出具出资证明书，BATL 公司在国家工商登记的股东信息中也没有查询到有 BGGS。

9.9.2 主要工作开展情况

为完成 BGGS 对 BATL 公司的 500 万元投资确认，BGGS 董事会办公室工作人员与 BATL 公司多次电话沟通，该公司认为，500 万元为 BGGS 向阿勒泰地区铁路建设的捐赠款，并非股权投资，在投资方式与投资初衷出现偏差的情况下，经 BGGS 决定，由公司企划部与原经办人员共同前往阿勒泰地区沟通协调。事先，找到了《投资意向书》和财务付款凭证以及阿勒泰地区及富蕴县政府筹措资金的相关文件和会议纪要，并向阿勒泰地区行署发出函件。

2017 年 11 月 14 日，BGGS 企划部以及经办人矿山事业部与 BATL 沟通，达成共识，交通局和 BATL 负责人表示工作失误，在北阿公司运营过程中，未及时征求 BGGS 意见，但正在办理国开基金的股权变更手续，若提供出资证明须再次办理手续之后才可以办理，为此，须等到 12 月底。初步沟通较为顺利，但未取得出资证明书，确权任务未完成。

2018 年 1 月 13 日，原经办人员与财务、BGGS 法务部律师等再次前往阿勒泰地区，与 BATL 公司经理进行具体接洽，最终出具了出资证明书,并允诺在公司章程及工商登记信息中明确BGGS股东信息及股权。至此,确权工作完成。

9.9.3 难点

BGGS出资500万元,国开发展基金有限公司实际出资135000万元,其中200万元转为BATL公司注册资本,134800万元转为资本公积。按照BATL股东实际出资,BGGS在股东总投资中所占比重仅为0.367%,话语权较轻。

9.9.4 体会

确权工作尽管较难,但确权一旦成功,能较好维护BGGS方法律权利。这次中国宝武对参股公司瘦身,也对历史问题进行梳理、解决,BGGS对BATL的确权就是借参股瘦身之时较好地处理了这一历史问题。

9.10 出售上市公司股票案例

AB股份股票出售

WGGS持有AB的少量原始股,根据"瘦身健体、提质增效"要求,WGGS把占股比例低、不符合其战略规划的AB股票出售列入2018年工作计划。

9.10.1 参股基本情况

1992年7月,WGGS投入350万元购入AB法人股50万股,占比0.17%,经历年送股、转增,截至2018年7月30日持股245万股。2009年4月28日法人股解禁上市流通。

9.10.2 主要工作内容

联系华宝证券，摸清股票家底，了解出售流程以及集团相关规定，并协商手续费；联系集团"治压办"、集团财务部，商议股票处置的流程、要求；上报股票处置请示；准备股票处置的基础材料，主要包括：证券账户业务申请表、授权委托书、柜台账户业务申请表、机构税收居民身份声明文件、经办人身份证等法律文书；根据集团批复要求并结合《上市公司国有股权监督管理办法》第二十三条的规定，对拟处置股票每日收盘价进行记录、跟踪、分析；当拟处置股票价格达到处置要求时，结合未来走势分析，向公司管理层报告拟处置时点；联系华宝证券，在工作人员的协助下通过证券公司操作系统根据股价走势分批挂单处置；完成股票处置后打印交割明细清单，根据交割清单及账户流水进行账务处理；报告集团"治压办"股票处置情况，并将处置请示、集团批复、交割清单、账务处理等相关材料提交集团"治压办"备案。

9.10.3 工作亮点和难点

出售股票看似比较简单，但真正操作起来还是有一定技术要求的，根据华宝证券专业意见，由于 WGGS 持股 245 万股，若一次挂单量太大会打压股价。另外，因股价受各种因素影响起伏不定，建议尽量一天内完成处置，避免股价大起大落时，影响处置节奏。WGGS 根据华宝证券专业意见结合实际，坚持规范、谨慎操作，在处置当日共挂单 56 笔，最终在收市前 25 分钟完成全部股票出售。

9.10.4 工作体会

上市公司股票出售一定要在事前做足功课，包括掌握出售股票股价的走势，确保证券账户畅通，另外，在操作上要保持谨慎态度，不要急躁，若出售股票数量较大，最好从上午开盘开始，保持足够操作时间；同时，为获取当天一个最好的价格，可以采取适量挂单，多波段操作，避免股价震荡变化。

附件1

×××××公司账实案存档案材料说明

摘要：对账实案存公司进行高度概括，说明不能完成正常工商注销程序，符合账实案存条件，现对××××公司实行账实案存，相关档案编制及资料凭证整理说明如下：

一、公司成立基本情况

1. 成立时间、股东信息等；（共×页）

2. 注册资金情况，我方出资情况；（共×页）

3. 公司章程，我方持股及占比等信息。（共×页）

二、工商变更基本情况

（一）变更经营范围

时间、变更情况；变更后的公司章程。（共×页）

（二）变更股东

时间、变更情况；公司变更登记申请书、审核表。（共×页）

（三）变更法定代表人或注册地址

时间、变更情况；公司章程；备案通知书、公司变更通知书。(共×页)

（四）变更股东及注册资本

时间、变更情况；公司章程；验资报告；公司变更登记审核表。(共×页)

三、企业经营状态

1. 企业资产、价值情况

参股公司主要资产、债务、财务情况（历年经营和分红情况、参股公司财务报表、资产状况）；

2. 参股公司的经营现状

对参股公司处于非正常经营状态的情况说明，例如：工商登记信息、其他证明材料等；

3. 财务账面价值情况

账面价值及计提减值情况；

4. 风险说明

潜在风险评定情况。

四、宝武方股东的处置和管理安排

1. 历史上的一些管理动作及情况；

2. 本次主要开展的工作；

3. 无法深入推进退出的说明。

五、内部决策文件及后续管理

1. 公司对本参股公司进行账实案存的决策文件；

2. 后续管理部门及本档案定期更新的要求。

附件2

无偿划转协议

××××公司

与

×××××××公司

之

国有股权无偿划转协议

××××年××月

国有股权无偿划转协议书

划出方（甲方）：
法定代表人：
注册地址：
注册号：
划入方（乙方）：
法定代表人：
注册地址：
注册号：
鉴于：

甲方为乙方的全资子公司，甲方同意将所持××××××公司（简称×××）×××%（股份数量为××××股）的国有股权无偿划转给乙方。

现双方依据中华人民共和国有关法律法规之规定，就×××

××国有股权无偿划转事宜，达成如下协议：

第一条 定义

除非本协议书另有规定，本协议书中使用的术语具有以下定义：

1. 本次交易、本次划转：指甲方无偿划出、乙方无偿划入甲方合法持有的×××× ××××%股权的行为。

2. 交易标的：指甲方合法持有的××× ××××%股权。

3. 基准日：指本次股权划转的审计基准日，即×××年××月××日。

4. 股权交割日：指甲乙双方完成产权变更登记、工商变更登记的日期（以时间在后的日期的为准）。

5. 过渡期：指自基准日（不包括基准日当日）至交易交割日（包括交易交割日当日）的期间。

第二条 当事人基本情况

1. 甲方为依法成立并有效存续的国有独资公司，持有××
××××工商行政管理局颁发的注册号为××××××××××的《企业法人营业执照》。

2. 乙方为依法成立并有效存续的国有独资公司，持有××
×工商行政管理局颁发的注册号为××××××××的《企业法人营业执照》。

3. ××××是一家根据中国法律注册成立并合法存续的股份有限公司，注册资本为××××万元人民币，截止股权划转基准日××××年××月××日，合并会计报表所有者权益合计×××
×××万元，其中归属于母公司的所有者权益为×××万元。

第三条 股权划转的标的金额

1. 本次股权划转基准日为：××××年××月××日。

2. 双方同意通过无偿划转方式由甲方向乙方划转其持有的××××　××××%股权，划转金额为×××元。

3. 除法律、法规及双方另有协议规定外，本次划转如涉及相关税、费，由乙方承担。

第四条　股权划转的实施

1. 本协议签订之日起×××个工作日内，甲方和乙方应依国有股权无偿划转的批准文件和本协议的相关规定，办理工商变更登记手续，并进行账务调整。

2. 双方约定，××××工商变更登记手续完成之日，为股权划转完成之日。

第五条　损益处理

股权划转后××××所有损益由乙方承担或享有。

第六条　债权债务处理

本次股权划转不涉及××××的债权、债务的转移和清偿问题。

第七条　人员安置

本次划转不涉及××××人员安置问题。

第八条　甲方保证

1. 甲方是依照中国法律合法成立并有效存续的公司法人，具有完全的民事权利能力和行为能力签署和履行本协议。

2. 甲方对本协议的签署已获得公司章程所必要的和上级主管部门所要求的相应授权，并不与对甲方有约束力的法律或协议相冲突。

3. 甲方保证划转标的之权属不存在任何争议，不存在任何法律、法规和行政规章禁止划转之情形。

4. 甲方保证对划转标的拥有完整权利，不存在任何第三方权益，在本协议签订之前和之后，甲方未曾也不会将其持有的待划转股权质押给任何第三方或作其他处置。

5. 甲方提供给乙方的有关本次划转的文件中所包含的信息均为真实、完整、准确的。

6. 鉴于本次转让为国有股权无偿划转，如甲方债权人对本协议涉及的股权无偿划转提出异议的，由甲方负责解决。

第九条 乙方保证

1. 乙方是依照中国法律合法成立并有效存续的法人，具有完全的民事权利能力和行为能力签署和履行本协议。

2. 乙方对本协议的签署已获得依照公司章程所必要的和上级主管部门所要求的相应授权，并不与对乙方有约束力的法律或协议相冲突。

3. 乙方保证不存在任何法律、法规和行政规章禁止受让划转标的之情形。

第十条 双方保证

1. 双方保证，任何一方若有违背上述所作之保证的情形，将赔偿给对方因此造成的直接经济损失。

2. 双方保证，各方在本协议正式生效前依据本协议应履行的义务不得以本协议未生效为由拒绝或拖延。

第十一条 违约责任

1. 任何一方违反本协议的规定，应当承担违约责任，如给对方造成经济损失的，还应赔偿对方的直接经济损失。

第十二条 协议的终止和解除

1. 当发生如下任何一种情况，可以解除本协议书：

（1）发生不可抗力之情况以至于不能履行本协议书或履行成为不必要；

（2）甲、乙双方协商同意；

（3）由于一方根本违约，致使本协议书无法履行，另一方可以解除本协议书；

（4）甲方在本协议第九条项下的保证严重失实，乙方可以解除本协议书；

（5）乙方在本协议第十条项下的保证严重失实，甲方可以解除本协议书。

2. 除上述情况外，任何一方不得单方面终止或解除协议。

第十三条　争议的解决

1. 本协议在履行过程中发生争议，各方应友好协商解决。如不能协商一致的，任何一方均可向×××所在地人民法院起诉。

第十四条　保密

1. 本协议内容在双方按规定程序对外披露前，各方均有责任要求知情人员保守协议秘密。

2. 本协议无论是否获准生效，各方均不得泄露谈判和履约中所获知的对方的商业和技术秘密。

第十五条　其他事项

1. 本协议自双方盖章签署并依国有股权无偿划转的相关规定分别向政府有关主管部门办理报批手续、获批准之日起生效。

2. 经双方协商一致，可以用书面形式对本协议进行修订和补充，修订和补充的内容经政府有关主管部门批准后，与本协议具有同等法律效力。

3. 本协议一式四份，双方各执一份，其余两份供报批及备案用。

（以下为签署页，无正文）

甲方：××××（盖章）

法定代表人
（或授权代表）：

日期：　　年　月　日

乙方：××××（盖章）

法定代表人
（或授权代表）：

日期：　　年　月　日

附件 3

无偿划转办理股东名册变更所需材料清单

以下清单是在上海宝鼎无偿划转时，准备的材料清单，供参考：

1. 出让方、受让方公司营业执照复印件（加盖各自公章）、

公司章程(一定要是从工商局调出的);

2. 关于无偿划转的批文(批文加盖公章)、无偿划转的协议;

3. 出让方、受让方公司国有产权登记证复印件(加盖公章);

4. 出让方、受让方公司的相关决议;

5. 出让方、受让方公司授权委托书,经办人身份证复印件(格式一样);

6. 出让方、受让方公司托管账户卡及密码。

后　记

　　治之有道，退之有策。进退自如，海阔天空。处僵治困的实质就是采取强化管理、债务重组等方式，推动僵尸、特困企业扭亏为盈；若企业不能解决长期亏损问题，那么就转入法人压减范围，"企业不消灭亏损，就消灭亏损企业"；同时，对于盈利能力不强甚至亏损的参股公司，也纳入参股瘦身压减范围。我们编撰的本书实质就是治之道、退之策。

　　法人压减工作是中国宝武在特定时期开展的一项探索性工作，在2017年"5·25"压减阶段性工作的基础上，我们进行了总结提炼。处僵治困是党中央、国务院给中国宝武下达的政治任务，在实践中，我们形成了处僵治困知识体系。参股瘦身工作是中国宝武在法人压减的基础上，自我加压而推进的工作，形成了参股瘦身经验。这些经验，为日后法人压减、处僵治困、参股瘦身工作提供了指导、借鉴。

　　在推进三项工作过程中，中国宝武董事长、总经理、总会计师给"治压办"提出了明确要求，并亲临一线直接指挥。中国宝武董事长、总经理主持治压双周例会，总会计师主持治压周例会，对治压工作给予了具体的指导和要求。

　　本书由陈德荣董事长、朱永红总会计师担任总顾问，范松林为主编，章青云、梁军、龚国林、陈炯、唐松平、陆晓莉、宋小军、王咏波、张华磊、杨巍、董杰、张胜娥、潘昀、周阳、侯光普、陈跃、周庆伟、王行兵、黄建忠等专家担任编委，陶云武、刘新宇、严曜、蔡东辉、李伟毅、封峰、刘亦飞、夏峰等专家在编写过程中进行专业指导。

在编写本书过程中，钢铁业发展中心、服务业发展中心、产业金融中心、城市新产业发展中心、公司治理部、战略规划部、财务部、审计部、法律事务部、人力资源部、工会等给出了专业支持和建议，在此表示感谢！我们对提供典型案例的武钢集团、宝钢股份、八一钢铁、韶关钢铁、宝钢工程、宝钢金属、宝钢发展、欧冶云商、一浦五联合党委、产业金融发展中心等单位也一并表示感谢！

由于时间紧，编写过程中难免有疏漏或不妥之处，请读者批评指正，并将在后续改版中完善。

随着本书付梓，治压三项工作已经完成了阶段性的任务。"治压办"成立两年来，压减249户法人，瘦身74户参股公司，处僵治困37户企业。墨香飘散，韶华永存。曾记否，我们南下韶关，北上新疆，四处奔波；我们四上北京，汇报沟通，错过家事；我们激烈争论，面红耳赤，又和好如初……

时光匆匆，凝神回望，可留意，是什么深切触动心弦，是什么长久驻留心间？通过两年的努力，我们不但完成了阶段性的任务，而且还形成了治压三项工作的攻略。愿每位一起奋斗过的伙伴，日升月落，星河漫漫，招之即来，来之能战，战之必胜，依然闪亮，且行且歌！

谨以此书献给有需要的读者，献给我们共同奋斗的"治压办"！

范松林

2019 年 1 月 28 日